MINISTÈRE DE L'INTÉRIEUR.

SOCIÉTÉS DE SECOURS MUTUELS.

STATUTS-MODÈLES.

LOIS ET DÉCRETS.

SEIZIÈME ÉDITION.

PARIS.

IMPRIMERIE NATIONALE.

1884.

TABLE.

STATUTS-MODÈLES[A].

STATUTS
DE LA SOCIÉTÉ DE SECOURS MUTUELS
ÉTABLIE À... DÉPARTEMENT...

CHAPITRE PREMIER.
FORMATION ET BUT DE LA SOCIÉTÉ.

ARTICLE 1. Une société de secours mutuels est établie à.,......
Elle a pour but :

1° De donner les soins du médecin et les médicaments aux membres participants malades [1];

2° De leur payer une indemnité pendant la durée de leurs maladies, suivant les conditions prescrites par les statuts [2];

3° De pourvoir à leurs funérailles [3];

4° De constituer une caisse de pensions viagères de retraite, conformément au décret du 26 avril 1856.

---

[1] [2] [3] Art. 6, décret du 26 mars 1852.

(A)   MODÈLE D'ARRÊTÉ
POUR L'APPROBATION DES STATUTS D'UNE SOCIÉTÉ.

Le Préfet du département d......

Vu la demande des sieurs... demeurant à ...qui sollicitent l'autorisation d'établir une société de secours mutuels approuvée dans ladite commune;

Vu les articles 291 et 292 du Code pénal et la loi du 10 avril 1834;

Vu les décrets des 14 juin 1851, 26 mars 1852 et 26 avril 1856;

CHAPITRE II.

COMPOSITION DE LA SOCIÉTÉ. — CONDITIONS D'ADMISSION ET D'EXCLUSION.

ART. 2. La société se compose de membres *honoraires* et de membres *participants* [1].

Les femmes peuvent faire partie de la société, aux clauses et conditions des présents statuts; mais, dans aucun cas, elles ne prennent part à l'administration ni aux délibérations.

Les enfants de cinq ans au moins peuvent également, moyennant un supplément de cotisation payé par leurs parents sociétaires, recevoir les soins du médecin et les médicaments. Dans aucun cas, il ne leur sera payé d'indemnité en argent.

ART. 3. Les membres *honoraires* sont ceux qui, par leurs souscriptions, contribuent à la prospérité de l'association sans participer à ses avantages [2].

Leur nombre est illimité; ils sont admis par le Bureau sans conditions d'âge ni de domicile [3].

Vu les décrets des 18 juin 1864 et 27 octobre 1870,

ARRÊTE :

ARTICLE PREMIER.

Sont approuvés, tels qu'ils sont annexés au présent arrêté, les statuts de la société de secours mutuels de..... à....

Ladite société sera tenue de régler les cotisations de chaque sociétaire d'après les tables de maladie et de mortalité confectionnées ou approuvées par le Gouvernement.

ART. 2.

La société de..... jouira des avantages et privilèges concédés par les décrets des 26 mars 1852 et 26 avril 1856.

ART. 3.

Le règlement d'administration intérieure de cette société ne pourra déroger aux statuts approuvés.

Fait à..... le....

[1] Art. 2, décret du 26 mars 1852.
[2] Art. 2, décret du 26 mars 1852.
[3] Art. 4, *ibidem*.

Art. 4. Les membres *participants* sont ceux qui ont droit à tous les avantages assurés par l'association, en échange du payement régulier de leur cotisation et en se conformant aux présents statuts.

Le nombre des membres participants ne peut, à moins d'autorisation spéciale, excéder cinq cents [1].

Art. 5. Les membres participants sont admis en assemblée générale, à la majorité des voix et au scrutin [2].

Art. 6. Dans l'intervalle des assemblées générales, le bureau peut autoriser les candidats à verser leur droit d'entrée et leur cotisation, sauf restitution dans le cas où l'assemblée générale ne validerait pas l'admission.

Art. 7. Le candidat doit n'avoir pas moins de seize ans ni plus de quarante, être valide, d'une conduite régulière, et être domicilié depuis six mois dans la commune.

Toutefois la société peut admettre, sans conditions d'âge et de temps de domicile, le membre sortant d'une société *approuvée,* sur la présentation d'un certificat du président de cette association constatant que ce membre participant a acquitté un droit d'entrée et fait son stage dans la société de laquelle il sort.

Art. 8. Cessent de droit de faire partie de la société les membres qui n'ont pas payé leur cotisation depuis.... mois.

Cependant il peut être sursis par le bureau à l'application de cet article, lorsque le membre participant prouve que le retard du payement de la cotisation est occasionné par des circonstances indépendantes de sa volonté.

Si le retardataire ne répond pas à la convocation qui lui a été adressée, il lui est fait application, sans appel, du paragraphe 1er du présent article.

Art. 9. L'exclusion est prononcée en assemblée générale, sur la proposition du bureau et sans discussion :

1° Pour condamnation infamante;

2° Pour préjudice causé volontairement aux intérêts de la société,

---

[1] Art. 5, décret du 26 mars 1852.
[2] Art. 5, *ibidem.*

3° Pour tout acte contraire à l'honneur;

4° Pour conduite déréglée et notoirement scandaleuse.

Sauf le cas de condamnation infamante, le membre participant dont l'exclusion est proposée est invité à se présenter devant le bureau pour être entendu sur les faits qui lui sont imputés; s'il ne se présente pas, son exclusion est prononcée en assemblée générale.

ART. 10. La démission, la radiation et l'exclusion ne donnent droit à aucun remboursement.

Toutefois les titres de rentes viagères constituées, conformément au décret du 26 avril 1856, en faveur des membres participants démissionnaires, radiés ou exclus, leur restent acquis [1].

CHAPITRE III.

ADMINISTRATION.

ART. 11. La société est administrée par un bureau composé d'un président, d'un vice-président, d'un secrétaire, d'un trésorier et de.... administrateurs.

Ces fonctions sont gratuites.

Nul ne peut être élu membre du bureau s'il n'est Français et s'il ne jouit de ses droits civils et civiques.

Tous les membres du bureau sont élus en assemblée générale et pris parmi les membres honoraires ou participants [2].

Ils sont indéfiniment rééligibles.

ART. 12. Le Président est élu au scrutin secret pour cinq ans [3].

Nul n'est élu ni proclamé président, s'il n'a réuni la majorité absolue des suffrages. Au second tour de scrutin, l'élection a lieu à la majorité relative; dans le cas où les candidats obtiendraient un nombre égal de suffrages, le plus âgé est proclamé président.

Le procès-verbal de l'élection est transmis immédiatement au Préfet [4].

---

[1] Art. 5, loi des 8 mars, 12 et 18 juin 1850.

[2] Art. 2 et 3, décret du 26 mars 1852.

[3] Décrets des 18 juin 1864 et 27 octobre 1870.

[4] Au Ministre de l'intérieur, pour le département de la Seine.

Art. 13. Les autres membres du bureau sont élus pour trois ans.

Il est pourvu, au commencement de chaque année, au remplacement des membres du bureau démissionnaires ou décédés.

Art. 14. Le Président surveille et assure l'exécution des statuts.

Il adresse chaque année à l'autorité compétente le compte rendu prescrit par l'article 20 du décret du 26 mars 1852.

Il est chargé de la police des assemblées; il signe tous les actes, arrêtés ou délibérations, et représente la société dans tous ses rapports avec l'autorité publique. Il donne les ordres pour les réunions du bureau et les convocations des assemblées générales.

Le vice-président seconde le président dans toutes ses fonctions, et le remplace en cas d'empêchement.

Art. 15. Le Secrétaire est chargé de la rédaction des procès-verbaux, de la correspondance, des convocations et de la conservation des archives.

Il tient le registre matricule des membres de la société et présente au bureau les demandes d'admission.

En cas de maladie d'un membre participant, le secrétaire en donne avis au médecin et aux visiteurs en fonctions. Il règle tout ce qui a rapport aux funérailles.

Le Trésorier fait les recettes et les payements, et les inscrit sur un livre de caisse coté et parafé par le président. A chaque assemblée générale, il présente le compte rendu de la situation financière.

Il est responsable de la caisse contenant les fonds et les titres de la société.

Il paye sur mandats visés par le président et marqués du cachet de la société.

Il délivre aux sociétaires, au moment de leur admission, des cartes ou livrets sur lesquels il constate le payement des cotisations. Il opère le placement ou le déplacement des fonds, sur un ordre signé du président et du secrétaire, indiquant la somme dont le placement ou le déplacement doit être opéré.

Les reçus et reconnaissances sont déposés dans la caisse.

Art. 16. Les Visiteurs, choisis par le bureau parmi les membres participants, sont chargés de visiter les malades, de leur porter l'indemnité et de s'assurer de l'exécution des obligations de la société à leur égard.

Les visiteurs qui auront négligé leurs devoirs seront passibles d'une amende de.,.. prononcée en assemblée générale.

Art. 17. Le bureau se réunit tous les mois et chaque fois qu'il est convoqué par le président.

Des visiteurs pourront être convoqués par le président dans le sein du conseil.

Est passible d'une amende d'un franc tout membre du bureau qui, sans avoir prévenu le président, aura manqué à une réunion.

Art. 18. La société se réunit en assemblée générale,.., fois par an pour entendre les rapports sur sa situation et prononcer sur les questions qui lui sont soumises par le bureau. Le président peut, en outre, convoquer l'assemblée générale d'office, en cas d'urgence : la convocation est obligatoire, si elle est demandée par vingt-cinq membres.

Art. 19, Toute discussion politique, religieuse ou étrangère au but de la mutualité est interdite dans les réunions du bureau et de la société.

CHAPITRE IV.

FONDS SOCIAL.

Art. 20. Le fonds social se compose :
1° Des droits d'admission payés par les membres participants ;
2° Des cotisations des membres participants ;
3° Des cotisations des membres honoraires ;
4° Du produit des amendes ;
5° Des fonds placés et des intérêts échus ;
6° Des dons et legs dont l'acceptation a été approuvée par l'autorité compétente [1] ;
7° Des subventions accordées par l'État, le département ou la commune.

---

[1] Art. 910 du Code civil; art. 8 du décret du 26 mars 1852; avis du Conseil d'État, 12 juillet 1853; Cassation, arrêts des 8 mai et 22 juillet 1878.

Art. 21. Les fonds en caisse ne peuvent jamais excéder........
francs ; l'excédent est placé en compte courant à la Caisse des dépôts
et consignations [1]. (Trésorier-payeur général ou receveurs particuliers
des finances préposés [2]).

---

[1] Décret du 26 mars 1852, article 13 : «Lorsque les fonds réunis dans la
caisse d'une société de plus de cent membres excéderont la somme de trois
mille francs, l'excédent sera versé à la Caisse des dépôts et consignations.

«Si la société est de moins de cent membres, ce versement devra être opéré
lorsque les fonds réunis dans la caisse dépasseront mille francs.

«Le taux de l'intérêt des sommes déposées est fixé à quatre et demi pour
cent.»

[2] Loi du 7 mai 1853, article 1er : «L'intérêt bonifié aux caisses d'épargne
par la Caisse des dépôts et consignations est fixé à 4 p. o/o.»

Loi du 30 juin 1851, article 7 : «La retenue à faire sur cet intérêt par les
caisses d'épargne, pour leurs frais de loyers et d'administration, est obligatoire
pour un quart pour cent et facultative pour un autre quart pour cent. En
aucun cas, cette retenue ne pourra s'élever au-dessus de demi pour cent.
Toutefois, pour la Caisse d'épargne de Paris, la retenue facultative sera de
trois quarts pour cent, sans que la retenue totale puisse jamais excéder un
pour cent.»

Loi du 9 avril 1881, article 8 : «Le compte ouvert à chaque déposant ne
pourra excéder le chiffre de deux mille francs versés en plusieurs fois.»

Article 3, *ibidem* : «Un intérêt de trois francs pour cent (3 p. o/o) sera
servi aux déposants par la Caisse d'épargne postale.»

Article 13, *ibidem* : «Les sociétés de secours mutuels seront admises à faire
des versements à la Caisse d'épargne postale (et aux caisses d'épargne ordi-
naires, art. 21 *ibidem*) et le compte ouvert à leur crédit pourra atteindre le
chiffre de huit mille francs. Au delà de ce chiffre, il leur sera fait application
des articles 9 et 10 ci-dessus ; toutefois, le montant de la rente achetée d'office
pour leur compte sera de cent francs.»

Le chiffre des versements à la Caisse des dépôts et consignations n'est pas
limité.

En résumé, la Caisse des dépôts et consignations alloue 4,50 o/o.

la Caisse d'épargne	locale............	3,75 o/o. 3,50 o/o.
	à Paris..........	3,25 o/o.
la Caisse d'épargne postale..............		3,00 o/o.

CHAPITRE V.

OBLIGATIONS DES MEMBRES HONORAIRES ET PARTICIPANTS ENVERS LA SOCIÉTÉ.

ART. 22. Les membres participants doivent, en entrant, payer un droit d'admission, fixé à . . . . .

Cette somme est versée immédiatement après l'admission avec la cotisation du mois courant, ou peut être convertie en cotisation périodique versée en sus de la cotisation imposée par les statuts.

ART. 23. Les membres participants s'engagent à payer une cotisation mensuelle [1], fixée pour les hommes à . . . . ., pour les femmes à . . . ., pour chaque enfant à . . . ., et à remplir les fonctions qui leur seront désignées par le bureau ou l'assemblée.

Le minimum de la souscription des membres honoraires est de . . . . . francs par an.

ART. 24. Chaque membre participant est obligé, sauf le cas de maladie, de se rendre aux assemblées générales et à toutes les convocations régulièrement faites.

CHAPITRE VI.

OBLIGATIONS DE LA SOCIÉTÉ ENVERS LES MEMBRES PARTICIPANTS.

ART. 25. La société accorde aux membres participants malades les soins d'un médecin et les médicaments. Elle accorde [2], en outre, une indemnité en argent fixée pour les hommes à . . . . . par jour pendant les trois premiers mois et à . . . . . pendant les trois mois suivants; pour les femmes, à . . . . par jour pendant les trois premiers mois.

Si, à l'expiration de ce terme, le malade n'est pas rétabli, le bureau

---

[1] La cotisation mensuelle qui est demandée à chacun des sociétaires doit toujours être égale au moins à l'indemnité quotidienne que l'on accorde aux malades, sauf le cas où la société ne paye ni les soins du médecin ni les médicaments. (Note de la section de l'intérieur du Conseil d'État du 22 mars 1875, et art. 7 du décret du 26 mars 1852.)

[2] Art. 6, décret du 26 mars 1852.

décide si l'indemnité en argent doit être continuée, diminuée ou supprimée, selon l'état de la caisse[1].

Le service médical et pharmaceutique est réglé par le bureau.

Les médicaments ne sont fournis par le pharmacien que sur la présentation de l'ordonnance du médecin.

---

[1] *Articles additionnels applicables aux sociétés municipales de secours mutuels de la ville de Paris :*

« Art. . La société admet aux conditions de ses statuts, mais sans conditions d'âge, de stage ou de droit d'entrée, tout membre participant d'une autre société municipale ou communale de Paris ou de la banlieue qui vient résider dans sa circonscription. Ce membre participant doit avoir fait son stage et acquitté le droit d'entrée dans la société d'où il sort. L'accomplissement de ces conditions doit être attesté par un certificat du président de cette société.

« Toutefois, si la société reconnaît, par la déclaration de son médecin ou par suite de quelque circonstance prévue dans ses statuts, que ce sociétaire étranger est dans un état de santé capable d'entraîner de trop lourdes charges, elle ne s'engage qu'à lui accorder les soins intermédiaires aux frais de sa société primitive, conformément aux dispositions du paragraphe 2 de l'article suivant.

« Si le sociétaire étranger est admis comme membre de la société, il jouira immédiatement des avantages sociaux pour ce qui concerne la maladie et les frais funéraires ; mais, pour tout le reste, il ne prendra rang que du jour de son inscription.

« Les dispositions du présent article, sauf le paragraphe relatif aux soins intermédiaires, sont applicables au membre participant d'une société privée dissoute pour insuffisance de ressources.

« Art. . La société conservera ceux de ses membres qui cesseront de résider dans sa circonscription, quand ils ne pourront pas être admis dans une autre société du département ; elle s'engage à leur assurer dans leur nouveau domicile la jouissance de tous les avantages sociaux déterminés par les présents statuts.

« Toutefois, lorsque l'éloignement peut nuire à la régularité du service et aux intérêts légitimes du sociétaire, elle s'entend avec la société municipale ou communale sur le territoire de laquelle le sociétaire a transporté son domicile, pour lui confier auprès du malade tout ou partie du service médical, pharmaceutique, funéraire, pécuniaire, ainsi que celui des visites, à la charge par elle de payer l'abonnement médical en usage dans ce quartier ou dans cette commune et de rembourser toutes les avances à la fin de chaque quinzaine ou de chaque mois. La société s'engage à rendre le même service aux autres sociétés municipales ou communales qui s'entendront avec elle pour objet. »

Art. 26. Une indisposition de trois jours ne donne pas lieu à une indemnité. Une maladie plus prolongée y donne droit à partir du premier jour.

Dans le cas où, après les quinze jours qui suivent l'accouchement, un membre participant femme tombe malade, cette maladie est considérée comme maladie ordinaire et donne droit aux secours habituels de la société.

Art. 27. Tout malade rencontré hors de chez lui sans y être autorisé, celui qui a pris des médicaments ou des aliments contraires aux ordonnances des médecins, celui qui fait usage de liqueurs alcooliques, cesse de recevoir l'indemnité en argent.

Les secours en argent cessent également d'être accordés au malade qui est trouvé exerçant sa profession ou tout autre travail lucratif.

Art. 28. Le membre participant en retard de trois mois dans le payement de sa cotisation n'a droit au secours en argent que quinze jours après s'être entièrement acquitté.

Art. 29. Aucun secours n'est dû pour les maladies causées par la débauche ou l'intempérance, ni pour les blessures reçues dans une rixe, lorsqu'il est prouvé que le membre participant a été l'agresseur, ni pour les blessures reçues dans une émeute à laquelle il aura pris une part volontaire, ni lorsque le membre participant est atteint d'aliénation mentale ou de la petite vérole, s'il ne justifie qu'il a été vacciné.

La société n'accorde pas de secours pour cause de chômage [1].

Art. 30. En cas de décès, la société pourvoit aux frais d'enterrement de ses membres participants [2].

[3]....... membres participants sont convoqués pour assister aux obsèques des membres décédés dans la commune.

---

[1] Circulaire du Ministre de l'intérieur du 29 mai 1852.

[2] La société peut accorder pour les frais funéraires une somme fixe déterminée par les statuts, et contracter près la Caisse des dépôts et consignations une assurance collective en cas de décès destinée, soit à solder les frais d'enterrement, soit à allouer à la veuve ou aux orphelins une indemnité. (Voir décret du 13 août 1877, p. 65, et tarifs, p. 72.)

[3] Indiquer le nombre suivant l'importance de la société.

Une députation d'un même nombre de membres participants assistera aux convois des membres honoraires.

ART. 31. Le membre participant n'a droit aux avantages de l'association que trois mois après son premier versement.

CHAPITRE VII.

SECOURS AUX MEMBRES PARTICIPANTS INFIRMES OU INCURABLES, IMPUTABLES SUR LE FONDS DE RÉSERVE.

ART. 32. Les membres participants devenus infirmes ou incurables avant l'âge fixé par les statuts pour être admissibles à la pension de retraite, conformément aux dispositions du décret du 26 avril 1856, peuvent recevoir un secours déterminé, chaque année, par le bureau selon les ressources de la caisse, et prélevé sur le fonds de réserve.

CHAPITRE VIII.

PENSIONS VIAGÈRES DE RETRAITE.

ART. 33. Un fonds de retraites est créé conformément au décret du 26 avril 1856, et placé à la Caisse des dépôts et consignations.

Ce fonds se compose :

1° De prélèvements faits par la société sur les excédents de recettes [1];

2° De subventions spéciales accordées par l'État [2];

3° De dons et de legs dont l'acceptation a été autorisée par l'autorité compétente [3].

---

[1] Le Ministre de l'intérieur, pour le département de la Seine, et les préfets, pour les autres départements, approuvent les versements destinés à la Caisse des retraites. (Décret du 13 avril 1861, art. 1er, § 11, et décret du 26 avril 1856, art. 2 ; circulaire du Directeur général de la Caisse des dépôts et consignations, du 27 juin 1864.)

[2] Décrets des 28 novembre 1853 et 26 avril 1856.

[3] Art. 910 du Code civil ; art. 8 du décret du 26 mars 1852 et ordonnance royale du 2 avril 1817 ; avis du Conseil d'État du 12 juillet 1864, et de la section de l'intérieur du Conseil d'État des 8 mai 1877 et 13 novembre 1878.

Les pensions viagères sont servies par la Caisse générale des retraites pour la vieillesse. Elles sont liquidées pour les trimestres : 1er janvier, 1er avril, 1er juillet et 1er octobre; les arrérages sont soldés par le Trésor public les 1er mars, 1er juin, 1er septembre et 1er décembre[1].

Art. 34. Conformément aux articles 6 et 8 du décret du 26 avril 1856, la quotité de la pension viagère est fixée, sur la proposition du bureau, en assemblée générale. Elle ne peut être inférieure à 30 francs ni excéder le décuple de la cotisation annuelle[2].

Art. 35. Pour être présenté à l'assemblée générale comme candidat à la pension, le membre participant doit avoir au moins soixante ans d'âge et faire partie de la société depuis vingt ans au moins [3].

Art. 36. Le président adresse [4] au Préfet : 1° l'extrait de la délibération contenant le vote et la quotité de la pension viagère, la mention de la date de l'admission du membre participant et l'indication de l'état civil, de la profession du candidat et du département dans lequel devront être payés les arrérages; 2° l'acte de naissance, délivré sur papier libre et certifié par le maire [5].

---

[1] Décret du 27 juillet 1861, et loi du 12 août 1876, art. 13.

[2] Art. 6 et 8, décret du 26 avril 1856. (V. page 49 le modèle de délibération conforme à la circulaire ministérielle du 25 janvier 1883.)

[3] Le minimum fixé par l'article 6 du décret du 26 avril 1856 est cinquante ans d'âge et dix ans de sociétariat.

[4] Au Ministre de l'intérieur, pour le département de la Seine; de même, en ce qui concerne les actes de décès.

[5] Art. 6 du décret du 26 avril 1856; art. 1983 du Code civil; loi du 18 juin 1850, art. 11; décret du 27 juillet 1861, art. 2, 16 et 28; circulaire du Ministre de l'intérieur du 1er avril 1879; décret du 12 juillet 1807. (Voir, page 39, le modèle conforme à l'instruction générale sur le service de la Caisse des retraites pour la vieillesse, du 1er août 1877.) En cas d'impossibilité de produire cette pièce, il ne peut y être suppléé que par un acte de notoriété délivré dans la forme prescrite par l'article 71 du Code civil ou par un extrait du jugement d'homologation dudit acte. Les extraits de naissance doivent, en tout cas, énoncer les dates de naissance en toutes lettres, les nom et prénoms... et ceux des père et mère. Ils doivent, en outre, être

Art. 37. Après le décès du pensionnaire, le président transmet au Préfet l'extrait, sur papier libre, de l'acte mortuaire, pour la réintégration au fonds de retraites de la société, en exécution de l'article 4 du décret du 26 avril 1856, des fonds affectés à la constitution de la pension [1].

CHAPITRE IX.

POLICE ET DISCIPLINE.

Art. 38. Le règlement concernant la police des séances est arrêté par les soins du bureau; néanmoins, aucune peine pécuniaire, autre que celles fixées par les statuts, ne peut être établie que par l'assemblée générale.

Art. 39. Tout membre qui négligera les fonctions qui lui auront été confiées encourra une amende de............. pour chaque contravention. Il payera une amende de.......... s'il a trompé sciemment la société pour son propre compte ou s'il a favorisé volontairement les fraudes et les fausses déclarations des sociétaires; de plus, il pourra, sur l'avis du bureau, être exclu de la société.

Tout membre participant qui n'assistera pas aux assemblées générales, sauf le cas de maladie ou d'empêchement dûment excusé, sera puni d'une amende de.......

Tout membre qui troublera le cours des séances et se présentera en état d'ivresse subira une amende de..... et sera tenu de quitter l'assemblée.

Tout membre qui prendra la parole sans l'avoir obtenue sera passible d'une amende de......... Celui qui interrompra le membre qui a la parole sera passible d'une amende de....

Tout membre qui aura été rencontré en état d'ivresse sur la voie publique sera signalé à l'assemblée générale. En cas de récidive, il pourra être exclu de la société.

Tout membre qui prononcera des paroles injurieuses contre les membres du bureau ou le médecin sera passible d'une amende de....

---

signés par l'officier de l'état civil qui délivre l'acte et revêtus du cachet de la mairie ou du tribunal.

[1] Art. 4, décret du 26 avril 1856. (Voir, page 53, le modèle conforme à l'instruction générale sur le service de la Caisse des retraites pour la vieillesse, du 1er août 1877.)

En cas de récidive, il pourra être exclu de la société par l'assemblée générale.

Tout membre qui, dans une réunion, aura soulevé une question politique ou religieuse sera, pour ce fait seul, condamné à une amende de..... francs. Cette amende sera de....... francs, pour les membres du bureau.

En cas de récidive, le sociétaire sera exclu de la société.

Art. 40. Les amendes sont exigibles avant la cotisation. Le membre participant qui refuse de payer celles auxquelles il a été condamné cesse de faire partie de la société, à moins d'une décision contraire de l'assemblée générale.

CHAPITRE X.

MODIFICATIONS, DISSOLUTION ET LIQUIDATION.

Art. 41. Toute proposition tendant à modifier les statuts et règlements doit être soumise au bureau, qui juge s'il y a lieu d'y donner suite.

Aucune modification ne peut être admise qu'à la majorité des membres inscrits.

Les modifications aux statuts ne pourront être mises en vigueur qu'après avoir été approuvées conformément à l'article 15 du décret du 26 mars 1852.

Art. 42. La société ne peut se dissoudre d'elle-même qu'en cas d'insuffisance de ses ressources.

La dissolution ne peut être prononcée qu'en assemblée générale spécialement convoquée à cet effet, et par un nombre de voix égal aux deux tiers des membres inscrits.

Cette dissolution ne sera valable qu'après l'approbation de l'autorité compétente [1].

Art. 43. En cas de dissolution, la liquidation s'opérera suivant les conditions prescrites par les articles 6 et 17 du décret du 14 juin 1851, 15 du décret du 26 mars 1852 et 3 du décret du 26 avril 1856.

---

[1] Art. 15, décret du 26 mars 1852.

DÉCRET ORGANIQUE

DU 26 MARS 1852,

SUR LES

SOCIÉTÉS DE SECOURS MUTUELS APPROUVÉES.

TITRE PREMIER.

ORGANISATION ET BASE DES SOCIÉTÉS DE SECOURS MUTUELS.

Art. 1. Une société de secours mutuels sera créée par les soins du maire et du curé dans chacune des communes où l'utilité en sera reconnue.

Cette utilité sera déclarée par le Préfet, après avoir pris l'avis du conseil municipal.

Toutefois une seule société pourra être créée pour deux ou plusieurs communes voisines entre elles, lorsque la population de chacune sera inférieure à mille habitants.

Art. 2. Ces sociétés se composent d'associés participants et de membres honoraires. Ceux-ci payent les cotisations fixées ou font des dons à l'association sans participer aux bénéfices des statuts.

3.

Art. 3. Le président de chaque société sera *élu par les sociétaires pour cinq ans* [1].

Le bureau sera nommé par les membres de l'association.

Art. 4. Le président et le bureau prononceront l'admission des membres honoraires.

Le président surveillera et assurera l'exécution des statuts. Le bureau administrera la société.

Art. 5. Les associés participants ne pourront être reçus qu'au scrutin et à la majorité des voix de l'assemblée générale [2].

Le nombre des sociétaires participants ne pourra excéder celui de cinq cents; cependant il pourra être augmenté en vertu d'une autorisation du Préfet.

Art. 6. Les sociétés de secours mutuels auront pour but d'assurer des secours temporaires aux sociétaires malades, blessés ou infirmes, et de pourvoir à leurs frais funéraires [3].

Art. 7. Les statuts de ces sociétés seront soumis à l'approbation du Ministre de l'intérieur, pour le département de la Seine, et du Préfet, pour les autres départements.

Ces statuts régleront les cotisations de chaque sociétaire d'après les tables de maladie et de mortalité confectionnées ou approuvées par le Gouvernement [4].

---

[1] Modifié conformément aux décrets des 18 juin 1864 et 27 octobre 1870. (Voir page 23.)

[2] Voir circulaire du Président du Conseil, Ministre de l'intérieur, du 26 décembre 1876, p. 25.

[3] « Elles pourront promettre des pensions de retraite, si elles comptent un nombre suffisant de membres honoraires. » (Disposition abrogée par le décret du 26 avril 1856, p. 30.)

[4] Voir les moyennes générales et individuelles des recettes et des dépenses au Rapport général annuel.

TITRE II.

DES DROITS ET OBLIGATIONS
DES SOCIÉTÉS DE SECOURS MUTUELS APPROUVÉES.

ART. 8. Une société de secours mutuels *approuvée* peut prendre des immeubles à bail, posséder des objets mobiliers et faire tous les actes relatifs à ces droits.

Elle peut recevoir, avec l'autorisation du Préfet, des dons et des legs mobiliers dont la valeur n'excède pas cinq mille francs [1].

---

[1] Au delà de 5,000 francs, un décret est nécessaire. (Avis du Conseil d'État du 12 juillet 1864; arrêts de la Cour de cassation du 8 mai et du 22 juillet 1878.)

Pièces à produire :

Donation. — 1° Expédition intégrale en forme authentique de l'acte public de donation (circulaire du Ministre de la justice du 7 juin 1882);

2° Certificat de vie du donateur, dressé par le maire de la commune de son domicile ou par un notaire ;

3° Renseignements aussi exacts que possible, fournis par le maire, le juge de paix ou le commissaire de police, sur la situation de fortune du donateur et de ses héritiers présomptifs, et indication affirmative ou négative de l'existence d'héritiers à réserve ;

4° Délibération du bureau ou de l'assemblée générale de la société sur l'acceptation provisoire de la libéralité ;

5° Compte rendu financier du dernier exercice;

6° Un exemplaire des statuts ;

7° Ampliation de l'arrêté primitif d'approbation ;

8° Avis du sous-préfet ;

9° Avis motivé du préfet, s'il doit être statué par décret.

Legs. — 1° Expédition intégrale en forme authentique du testament et des codicilles (circulaire du Ministre de la justice du 7 juin 1882);

2° Acte de décès du testateur ;

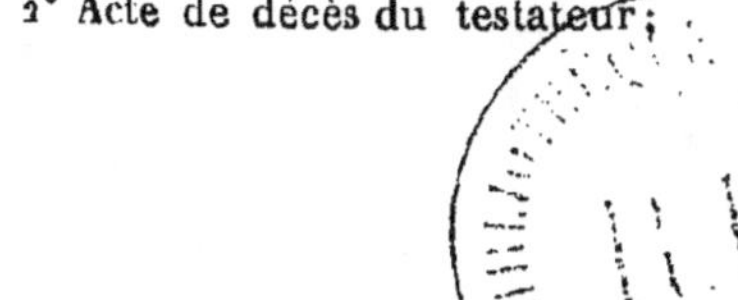

Art. 9. Les communes sont tenues de fournir gratuitement aux sociétés *approuvées* les locaux nécessaires pour leurs réunions, ainsi que les livrets et registres nécessaires à l'administration et à la comptabilité.

En cas d'insuffisance des ressources de la commune, cette dépense est à la charge du département.

Art. 10. Dans les villes où il existe un droit municipal sur les convois, il sera accordé à chaque société une remise des deux tiers sur les convois dont elle devra supporter les frais, aux termes des statuts.

Art. 11. Tous les actes intéressant les sociétés de secours mutuels *approuvées* seront exempts des droits de timbre et d'enregistrement [1].

3° Délibération du bureau ou de l'assemblée générale de la société sur l'acceptation provisoire de la libéralité;

4° Adhésion des héritiers ou leur opposition à la délivrance du legs, ou du moins la preuve de leur mise en demeure;

5° État des biens laissés par le testateur, et, en cas de réclamation des héritiers naturels ou institués, évaluation totale de l'actif ou du passif de la succession;

6° Renseignements fournis par le maire, le juge de paix ou le commissaire de police sur le nombre et le degré des héritiers, y compris ceux qui ne réclament pas, sur leur situation de fortune et leurs charges de famille;

7° Au cas où le testateur laisse des héritiers dont le domicile n'est pas connu, certificat attestant qu'un extrait du testament a été affiché de huitaine en huitaine, et à trois reprises différentes, au chef-lieu du domicile du testateur, et un exemplaire certifié du journal désigné pour les annonces judiciaires où cet extrait a été inséré, avec invitation d'adresser au préfet, dans le même délai, les réclamations qu'ils auraient à présenter;

8° Voir paragraphes 5, 6 et 7 ci-contre;

9° Avis du sous-préfet;

10° Avis motivé du préfet, s'il doit être statué par un décret.

[1] Voir loi du 23 août 1871, sur le timbre, et circulaire du Ministre de l'intérieur du 28 mars 1874, p. 27.

Art. 12. Des diplômes pourront être délivrés par le bureau de la société à chaque sociétaire participant.

Ces diplômes leur serviront de passeport et de livret, sous les conditions déterminées par un arrêté ministériel.

Art. 13. Lorsque les fonds réunis dans la caisse d'une société de plus de cent membres excéderont la somme de trois mille francs, l'excédent sera versé à la Caisse des dépôts et consignations [1].

Si la société est de moins de cent membres, ce versement devra être opéré, lorsque les fonds réunis dans la caisse dépasseront mille francs.

Le taux de l'intérêt des sommes déposées est fixé à quatre et demi pour cent.

Art. 14. Les sociétés de secours mutuels approuvées pourront faire aux caisses d'épargne [2] des dépôts de fonds égaux à la totalité de ceux qui seraient permis au profit de chaque sociétaire individuellement : *le compte ouvert à leur crédit pourra atteindre le chiffre de huit mille francs (8,000 fr.)*[3].

Elles pourront aussi verser dans la caisse des retraites,

---

[1] Dans les départements, chez les trésoriers-payeurs généraux et receveurs particuliers, préposés de la Caisse des dépôts et consignations.

[2] « A partir du 1er juillet 1853, l'intérêt bonifié aux caisses d'épargne par « la Caisse des dépôts et consignations est fixé à 4 p. o/o. » (Loi du 7 mai 1853, art. 1er.)

« La retenue à faire sur cet intérêt par les caisses d'épargne, pour leurs frais de loyers et d'administration, est obligatoire pour un quart pour cent et facultative pour un autre quart pour cent. En aucun cas, cette retenue ne pourra s'élever au-dessus de demi pour cent. Toutefois, pour la Caisse d'épargne de Paris, la retenue facultative sera de trois quarts pour cent, sans que la retenue totale puisse jamais excéder un pour cent. » (Loi du 30 juin 1851, art. 7.)

[3] Modifié conformément aux articles 13 et 21 de la loi du 9 avril 1881.

au nom de leurs membres actifs, les fonds restés disponibles à la fin de chaque année.

Art. 15. Sont nulles de plein droit les modifications apportées à ses statuts par une société, si elles n'ont pas été préalablement approuvées par le Préfet.

La dissolution ne sera valable qu'après la même approbation [1].

En cas de dissolution d'une société de secours mutuels, il sera restitué aux sociétaires faisant en ce moment partie de la société le montant de leurs versements respectifs jusqu'à concurrence des fonds existants, et déduction faite des dépenses occasionnées par chacun d'eux.

Les fonds restés libres après cette restitution seront partagés entre les sociétés du même genre ou les établissements de bienfaisance situés dans la commune; à leur défaut, entre les sociétés de secours mutuels approuvées du même département, au prorata du nombre de leurs membres.

Art. 16. Les sociétés approuvées pourront être suspendues ou dissoutes par le Préfet, pour mauvaise gestion, inexécution de leurs statuts ou violation des dispositions du présent décret [2].

---

[1] Voir, pour la liquidation après dissolution, les articles 6 et 17 du décret portant règlement d'administration publique du 14 juin 1851, pages 22 et 23.

[2] Voir, pour la communication des registres et archives des sociétés, l'article 6 du décret portant règlement d'administration publique du 14 juin 1851, page 22.

TITRE III.

DISPOSITIONS GÉNÉRALES.

Art. 17. Les sociétés de secours mutuels déclarées établissements d'utilité publique, en vertu de la loi du 15 juillet 1850, jouiront de tous les avantages accordés par le présent décret aux sociétés approuvées.

Art. 18. Les sociétés non autorisées actuellement existantes, ou qui se formeraient à l'avenir, pourront profiter des dispositions du présent décret, en soumettant leurs statuts à l'approbation du Préfet.

Art. 19. Une commission supérieure d'encouragement et de surveillance des sociétés de secours mutuels est instituée au Ministère de l'intérieur, de l'agriculture et du commerce.

Elle est composée de dix membres nommés par le Président de la République.

Cette commission est chargée de provoquer et d'encourager la fondation et le développement des sociétés de secours mutuels, de veiller à l'exécution du présent décret et de préparer les instructions et règlements nécessaires à son application.

Elle propose des mentions honorables, médailles d'honneur et autres distinctions honorifiques en faveur des membres honoraires ou participants qui lui paraissent les plus dignes.

Elle propose à l'approbation du Ministre de l'intérieur les statuts des sociétés de secours mutuels établies dans le département de la Seine.

Art. 20. Les sociétés de secours mutuels adresseront chaque année au Préfet un compte rendu de leur situation morale et financière.

Chaque année, la Commission supérieure présentera au Président de la République un rapport sur la situation de ces sociétés et lui soumettra les propositions propres à développer et à perfectionner l'institution.

DÉCRET

portant règlement d'administration publique
sur les sociétés de secours mutuels.

Du 14 juin 1851.

Art. 6. Les sociétés de secours mutuels sont tenues de communiquer leurs livres, registres, procès-verbaux et pièces de toute nature aux Préfets, Sous-Préfets et maires et à leurs délégués.

Cette communication a lieu sans déplacement, sauf le cas où le déplacement serait ordonné par arrêté du Préfet.

Art. 10. Le Préfet peut suspendre l'administration de la société en cas de fraude dans la gestion ou d'irrégularité grave dans les registres ou pièces de comptabilité.

Les sociétaires sont immédiatement convoqués par le maire pour pourvoir au remplacement provisoire de l'administration suspendue.

En cas de négligence ou de refus des sociétaires, le maire y pourvoira d'office.

Aᰌᵗ. 11. Le Préfet peut ordonner la suspension tempo-
raire de la société elle-même, dans le cas où elle sortirait
des conditions des sociétés mutuelles de bienfaisance.

Aᰌᵗ. 12. Les arrêtés de suspension seront notifiés à l'administration de la société et au maire de la commune,
chargé d'en assurer l'exécution.

Ils seront transmis immédiatement, avec un rapport
motivé, au Ministre de l'intérieur.

Aᰌᵗ. 17. La liquidation se fait sous la surveillance du
Préfet ou de son délégué.

Les comptes de liquidation sont adressés au Ministre de
l'intérieur.

ÉLECTIONS DES PRÉSIDENTS
DES SOCIÉTÉS DE SECOURS MUTUELS APPROUVÉES.

Décret du 27 octobre 1870.

L'article 3 du décret du 26 mars 1852 est abrogé. Les
présidents des sociétés approuvées ou reconnues comme
établissements d'utilité publique seront élus par les sociétaires.

DURÉE DES FONCTIONS DES PRÉSIDENTS.

Décret du 18 juin 1864.

La durée des fonctions des présidents des sociétés de
secours mutuels approuvées est fixée à cinq ans, à partir du
jour de leur nomination.

4.

DÉCRET
autorisant le port des médailles d'honneur.
Du 27 mars 1858.

Art. 1. Les personnes auxquelles nous aurons accordé des médailles d'honneur [1], en leur qualité de membres d'une société de secours mutuels, pourront porter ces médailles, suspendues à un ruban noir liséré de bleu, dans l'intérieur des édifices où leur société se réunira en vertu de convocations régulières.

Art. 2. Il est interdit de porter ces médailles en tout autre lieu et hors le temps des réunions, comme aussi de porter le ruban seul.

ARRÊTÉ DU MINISTRE DE L'INTÉRIEUR
déterminant la forme des médailles d'honneur accordées aux membres des sociétés de secours mutuels approuvées.
Du 24 juin 1858.

Art. 1. La médaille d'honneur accordée pour services rendus à l'institution des sociétés de secours mutuels approuvées est du module de vingt-sept millimètres. La face porte l'effigie *de la République*, avec les mots : *République française*, en exergue. Au revers sont inscrits les nom et prénoms du membre à qui la médaille a été décernée, le nom de la commune siège de la société, et le millésime, entourés d'une couronne d'olivier au nœud de laquelle se trouve une ruche, symbole du travail et de la prévoyance, avec ces mots : *Société de secours mutuels, médaille d'honneur,* en exergue.

La bélière se compose d'une couronne d'olivier de forme ovale, et d'un anneau.

La médaille est suspendue à un ruban moiré, fond noir, de trente millimètres de large, portant deux lisérés bleus de quatre millimètres et bordé de filets noirs d'un millimètre.

Le tout conformément au dessin-type de la médaille et du ruban ci-annexé.

---

[1] Décret du 26 mars 1852, art. 19.

EXONÉRATION DE L'IMPÔT SUR LES CERCLES, LIEUX DE RÉUNION, ETC. ETC.

Loi du 16 septembre 1871.

A dater du 1er octobre 1871, les abonnés des cercles, sociétés et lieux de réunion où se payent des cotisations supporteront une taxe de vingt pour cent desdites cotisations payées par les membres ou associés. Cette taxe sera acquittée par les gérants, secrétaires ou trésoriers.

Ne sont pas assujetties à la taxe les sociétés de bienfaisance et de secours mutuels, ainsi que celles exclusivement scientifiques, littéraires, agricoles, musicales, dont les réunions ne sont pas quotidiennes.

Admission des membres participants. — Casiers judiciaires. — Formalité pour en recevoir communication.

Circulaire du Président du Conseil, Ministre de l'intérieur, du 26 décembre 1876.

MONSIEUR LE PRÉFET, aux termes de l'article 5 du décret organique du 26 mars 1852 sur les sociétés de secours mutuels approuvées, les membres participants ne peuvent être reçus *qu'au scrutin et à la majorité des voix de l'assemblée générale.*

Avant qu'il soit procédé au vote qui détermine l'admission ou le rejet, le bureau a la mission de recueillir des renseignements sur les antécédents du candidat ; les statuts de la plupart de ces associations et les statuts-modèles excluent toute personne qui a subi une condamnation infamante. En outre, les présidents et, à leur défaut, les membres du bureau, étant appelés, par le décret du 26 avril 1856 et par la législation qui réglemente les opérations de la Caisse des retraites pour la vieillesse, à certifier certaines pièces et à leur donner le caractère d'authenticité nécessaire pour attester les titres des candidats aux pensions de retraite, il importe qu'aucune des formalités ne puisse être arguée de nullité par suite de l'incapacité de l'administrateur signataire.

Plusieurs présidents ayant appelé mon attention sur la nécessité de leur faciliter les recherches que motivent parfois les admissions des membres participants, j'ai prié M. le Garde des sceaux, Ministre de la justice et des cultes, de vouloir bien accueillir le vœu soumis à mon administration. J'extrais de la circulaire adressée le 6 décembre 1876 à MM. les Procureurs généraux le passage suivant concernant les sociétés de secours mutuels : « Quelques difficultés se sont élevées sur le « prix dû aux greffiers pour les bulletins qui leur sont demandés par « les préfets ou par les maires, relativement aux candidats qui solli- « citent leur admission dans une société de secours mutuels approuvée. « Les greffiers ne doivent réclamer que 25 centimes, somme fixée par « toutes les circulaires à l'égard des extraits délivrés aux administra- « tions publiques ; mais ils peuvent exiger que la lettre du *Préfet* ou « du *maire mentionne expressément que l'extrait est demandé à titre de* « *renseignement administratif.* »

En conséquence, lorsque le président d'une société de secours mutuels approuvée estimera qu'il est nécessaire de recourir au casier judiciaire, il devra s'adresser soit au Préfet, soit au maire, qui réclamera le renseignement sous les conditions prescrites par la circulaire du 6 décembre 1876.

MEMBRES PARTICIPANTS CONVALESCENTS

DES SOCIÉTÉS DE SECOURS MUTUELS APPROUVÉES DU DÉPARTEMENT DE LA SEINE.

Asiles du Vésinet et de Vincennes. — Admission. — Prix de la journée,

Arrêté du 10 juillet 1874.

LE MINISTRE DE L'INTÉRIEUR,

Vu les articles 3 et 4 des règlements généraux des asiles nationaux de Vincennes et du Vésinet ;

Vu le rapport et la proposition du Directeur du secrétariat et de la comptabilité,

Arrête :

Art. 1. Le prix de séjour et de traitement des convalescents admis aux asiles nationaux de Vincennes et du Vésinet est fixé ainsi qu'il suit :

Pour les membres participants des sociétés de secours mutuels *approuvées du département de la Seine*, à 75 centimes par jour.

TIMBRE.

Application de la loi du 23 août 1871 sur le timbre, en ce qui concerne :
1° les cotisations des membres honoraires et des membres participants ;
2° les dispositions entre vifs ou testamentaires ; 3° les extraits d'actes de
naissance et de décès ; 4° les certificats de maladie délivrés par les mé-
decins ; 5° les mandats de payement pour indemnités de maladie, soit
quittancés, soit non quittancés.

Circulaire du Vice-Président du Conseil, Ministre de l'intérieur,
du 28 mars 1874.

Monsieur le Préfet, mon prédécesseur vous a fait connaître, par sa circulaire du 12 novembre 1873, que, en exécution de la loi du 23 août 1871 sur le timbre : 1° les quittances qui constatent le versement des cotisations annuelles des membres des sociétés de secours mutuels approuvées, supérieures à 10 francs, sont assujetties à la taxe de 10 centimes établie par les articles 18 et 20 de la loi précitée ; 2° que les dispositions entre vifs ou testamentaires contenant des dons ou legs en faveur des sociétés de secours mutuels *approuvées* ou *recon-nues* comme établissements d'utilité publique sont soumises au payement des droits ; 3° que les extraits d'actes de naissance ou de décès qui doivent être produits par les présidents des sociétés de secours mutuels *approuvées,* pour la liquidation des pensions de retraite ou la réintégration à la Caisse des retraites des fonds rendus libres par le décès des pensionnaires, continuent à être exonérés du payement des droits, conformément aux termes de l'article 11 du décret organique du 26 mars 1852.

M. le Ministre des finances vient de m'informer que les certificats délivrés par les médecins pour la constatation, soit des maladies, soit de la guérison des sociétaires, rentrent également dans la catégorie des actes que l'article 11 du décret du 26 mars 1852 a exemptés des droits de timbre et d'enregistrement.

Une distinction devra être faite en ce qui concerne les mandats de payement pour les indemnités de maladie.

Par eux-mêmes, et pour les mêmes motifs, ils sont libérés du timbre.

Mais, s'ils portent l'acquit des parties prenantes, ils peuvent donner ouverture, lorsque la somme payée est supérieure à 10 francs, au droit spécial de 10 centimes établi sur les quittances et décharges.

Il résulte de ce qui précède que le mandat pour indemnité de maladie, signé par le président, remis par le sociétaire au trésorier, et payé par ce dernier, sans que l'acquit y soit ajouté par le sociétaire, n'est pas soumis à la taxe.

En outre, le mandat, même quittancé, pour indemnité de maladie, dont le montant est inférieur à 10 francs, est également exempt; car, dans l'espèce, il n'y a pas lieu d'assimiler les payements d'indemnités hebdomadaires à des acomptes sur une seule et même créance.

Je vous prie de communiquer ces décisions de M. le Ministre des finances aux présidents des sociétés de secours mutuels *approuvées* de votre département.

AFFICHES

contenant le compte rendu des opérations de la Société.

Circulaire du Ministre de l'intérieur du 1ᵉʳ juillet 1878.

Monsieur le Préfet, le Président d'une Société de secours mutuels approuvée conformément au décret du 26 mars 1852 m'a demandé de lui faire connaître :

1° Si les affiches contenant le compte rendu des opérations morales et financières d'une société de secours mutuels approuvée, avec extraits de statuts et règlements ou notes explicatives ne concernant que ces associations, rentrent dans la catégorie des actes exempts de timbre, en exécution de l'article 11 du décret organique du 26 mars 1852 ;

2° Si ces mêmes affiches peuvent être imprimées sur papier blanc ou doivent l'être nécessairement sur papier de couleur.

Ces questions étant de la compétence exclusive de M. le Ministre des finances, j'ai dû consulter à ce sujet mon collègue, qui m'a adressé le 22 juin la réponse suivante :

« Les affiches dont il s'agit rentrent sous l'application de l'article 11 « du décret-loi du 26 mars 1852, qui a exempté des droits de timbre « et d'enregistrement tous les actes intéressant les sociétés de secours « mutuels approuvées ; elles peuvent, par conséquent, être faites, sans « contravention, sur papier non timbré.

« Mais elles doivent être imprimées sur papier de couleur : le décret « précité du 26 mars 1852 ne contient, en effet, aucune dérogation « aux dispositions du décret du 28 juillet 1791 et de la loi du 28 avril « 1816 (art. 65), qui ont exclusivement réservé l'emploi du papier « blanc pour les affiches relatives aux actes de l'autorité publique. »

Je vous prie de porter la présente circulaire à la connaissance des présidents des sociétés de secours mutuels approuvées de votre département et de m'en accuser réception.

PENSIONS VIAGÈRES DE RETRAITE.

DÉCRET

du 26 avril 1856, relatif à la constitution d'un fonds de retraites dans les sociétés de secours approuvées.

TITRE PREMIER.

DE LA FORMATION DU FONDS DE RETRAITES.

Art. 1. Une somme de deux cent mille francs, imputable sur les intérêts disponibles de la dotation des sociétés de secours mutuels, est affectée à la constitution d'un fonds de retraites au profit des associations de secours mutuels *approuvées* qui prendront, en assemblée générale, l'engagement de consacrer à ce fonds de retraites une portion de leur capital de réserve.

Art. 2. Les sommes accordées sur les intérêts de la dotation, les sommes votées [1] par les sociétés en vertu de l'article précédent et le montant des legs et donations faits en vue d'accroître le fonds de retraites seront versés à la Caisse des dépôts et consignations, où ils produiront inté-

---

[1] « La délibération est approuvée, pour le département de la Seine, par le « Ministre de l'intérieur, et, pour les autres départements, par le Préfet. » (Décret du 13 avril 1861, art. 1er, S 11.)

rêt, conformément à l'article 13 du décret organique du 26 mars 1852[1].

Les intérêts que le service des pensions n'aura pas absorbés seront capitalisés chaque année.

Art. 3. En cas de dissolution d'une société, le Ministre de l'intérieur déterminera l'emploi de son fonds de retraites sur la proposition de la Commission supérieure. Ce fonds pourra être affecté à la création de pensions au profit des anciens sociétaires.

S'il ne reçoit pas cette destination, il sera attribué aux autres sociétés *approuvées* de la même commune possédant déjà un fonds de retraites, ou, à défaut, à une ou plusieurs sociétés du même département.

Art. 4. La portion du fonds de retraites fournie par les sociétés pourra être placée à la Caisse générale des retraites, soit à capital aliéné, soit à capital réservé.

La portion du même fonds accordée par l'État demeure inaliénable.

Le capital des pensions rendu libre par le décès des pensionnaires fera retour au fonds de retraites de la société.

TITRE II.

DE LA LIQUIDATION ET DU PAYEMENT DES PENSIONS.

Art. 5. Les pensions sont servies par la Caisse générale des retraites pour la vieillesse.

---

[1] « Le taux de l'intérêt des sommes déposées est fixé à quatre et demi pour cent. » (Décret du 26 mars 1852, art. 13.)

Art. 6. Les sociétés désigneront, en assemblée générale, les candidats aux pensions de retraite parmi les membres participants âgés de plus de cinquante ans et qui auront acquitté la cotisation sociale pendant dix ans au moins.

La même délibération fixera la quotité des pensions.

Art. 7. Les propositions formulées en vertu de l'article 6 seront transmises au Ministre de l'intérieur par l'intermédiaire du Préfet, pour être examinées par la Commission supérieure et approuvées ultérieurement, s'il y a lieu.

Art. 8. Les pensions ne peuvent être inférieures à trente francs, ni excéder, dans aucun cas, le décuple de la cotisation annuelle fixée par les statuts de la société à laquelle le titulaire appartient.

FIXATION DU CAPITAL NÉCESSAIRE POUR CONSTITUER LES PENSIONS DE RETRAITE.

Loi portant fixation du budget général des dépenses et des recettes de l'exercice 1883.

Du 29 décembre 1882.

Art. 14. Le taux de l'intérêt composé du capital dont il est tenu compte dans les tarifs d'après lesquels est déterminé le montant de la rente viagère à servir aux déposants à la Caisse des retraites pour la vieillesse sera, à partir du 1er janvier 1883, fixé à quatre et demi pour cent (4 1/2 p. o/o).

Les rentes viagères à inscrire provenant de versements effectués antérieurement au changement de tarif continueront d'être capitalisées à cinq pour cent dans les opérations de transfert à l'amortissement, prescrites par l'article 13 de la loi du 12 juin 1861.

ÉPOQUE POUR LE PAYEMENT DES ARRÉRAGES
DES PENSIONS VIAGÈRES.

Loi relative aux contributions directes à percevoir en 1877.

Du 12 août 1876.

Art. 13. A partir du 1ᵉʳ décembre 1876, les arrérages trimestriels des rentes viagères pour la vieillesse et des pensions inscrites sur le grand-livre de la Dette publique seront payables aux époques des 1ᵉʳ mars, 1ᵉʳ juin, 1ᵉʳ septembre et 1ᵉʳ décembre de chaque année [1]-[2].

---

[1] Voir la circulaire du 27 octobre 1876, page 51.

[2] Extrait du rapport de la Commission du budget de l'exercice 1877 (*Journal officiel* du 4 août 1876):

« Cette mesure nécessite l'adoption, à titre *exceptionnel et transitoire*, d'une « disposition législative consistant à autoriser le payement, au 1ᵉʳ décembre « prochain, non plus du *trimestre entier, mais seulement des deux premiers mois* « *échus de ce trimestre.* Aucun intérêt ne sera ainsi lésé, les pensionnaires devant « toucher un mois plus tôt les deux premiers tiers du trimestre et deux mois « plus tard le troisième tiers, ce qui établirait une compensation exacte. »

Les titulaires de nouvelles pensions ne reçoivent donc que les deux premiers mois échus du premier trimestre; le 1ᵉʳ décembre, ils touchent les mois d'octobre et de novembre, si la pension est liquidée pour la jouissance du 1ᵉʳ octobre; le 1ᵉʳ mars, les mois de janvier et de février, si la jouissance part du 1ᵉʳ janvier; le 1ᵉʳ juin, les mois d'avril et de mai, si le point de départ est le 1ᵉʳ avril; le 1ᵉʳ septembre, les mois de juillet et d'août, s'il est fixé au 1ᵉʳ juillet.

TARIF

DES PENSIONS DE RETRAITE

(À CAPITAL RÉSERVÉ)

DES MEMBRES PARTICIPANTS

DES SOCIÉTÉS DE SECOURS MUTUELS APPROUVÉES.

(Décret du 26 avril 1856; loi du 29 décembre 1882.)

MONTANT de la PENSION.	CAPITAL CORRESPONDANT.	MONTANT de la PENSION.	CAPITAL CORRESPONDANT.	MONTANT de la PENSION.	CAPITAL CORRESPONDANT.	MONTANT de la PENSION.	CAPITAL CORRESPONDANT.
fr.	fr.	fr.	fr.	fr.	fr.	fr.	fr.
1	22	26	578	51	1,133	76	1,689
2	44	27	600	52	1,156	77	1,711
3	67	28	622	53	1,178	78	1,733
4	89	29	644	54	1,200	79	1,756
5	111	30	667	55	1,222	80	1,778
6	133	31	689	56	1,244	81	1,800
7	156	32	711	57	1,267	82	1,822
8	178	33	733	58	1,289	83	1,844
9	200	34	756	59	1,311	84	1,867
10	222	35	778	60	1,333	85	1,889
11	244	36	800	61	1,356	86	1,911
12	267	37	822	62	1,378	87	1,934
13	289	38	844	63	1,400	88	1,956
14	311	39	867	64	1,422	89	1,978
15	333	40	889	65	1,444	90	2,000
16	356	41	911	66	1,467	91	2,022
17	378	42	933	67	1,489	92	2,044
18	400	43	956	68	1,511	93	2,067
19	422	44	978	69	1,533	94	2,089
20	444	45	1,000	70	1,556	95	2,111
21	467	46	1,022	71	1,578	96	2,133
22	489	47	1,044	72	1,600	97	2,156
23	511	48	1,067	73	1,622	98	2,178
24	533	49	1,089	74	1,644	99	2,200
25	556	50	1,111	75	1,667	100	2,222

LOI

*qui crée, sous la garantie de l'État, une Caisse de retraites
ou rentes viagères pour la vieillesse.*

Des 8 mars, 12 et 18 juin 1850.

ART. 1. Il est créé, sous la garantie de l'État, une Caisse
de retraites ou rentes viagères pour la vieillesse.

ART. 2. Le capital de ces retraites est formé par les versements volontaires des déposants effectués à la Caisse des
dépôts et consignations.

ART. 3. Le montant de la rente viagère à servir sera fixé
conformément à des tarifs tenant compte, pour chaque versement :

1° De l'intérêt composé du capital à raison de cinq pour
cent par an;

2° Des chances de mortalité en raison de l'âge des déposants et de l'âge auquel commence la retraite, calculées
d'après les tables dites *de Deparcieux;*

3° Du remboursement, au décès, du capital versé, si le
déposant en fait la demande au moment du versement.

ART. 5. Ces rentes sont incessibles et insaisissables jusqu'à
concurrence seulement de trois cent soixante francs. Les
arrérages seront payés par trimestre.

ART. 11. Les certificats, actes de notoriété et autres
pièces exclusivement relatives à l'exécution de la présente

loi seront délivrés gratuitement et dispensés des droits de timbre et d'enregistrement

ART. 12. La Caisse des retraites sera gérée par l'Administration de la Caisse des dépôts et consignations.

LOI

du 30 janvier 1884 qui fixe le budget général des dépenses et des recettes de l'exercice 1884.

ART. 9. A partir du 1ᵉʳ janvier 1884, la Caisse nationale des retraites pour la vieillesse pourvoira au moyen de ses propres ressources au service des rentes viagères.

Les arrérages seront payés par trimestre.

ART. 10. Pour couvrir les pertes subies antérieurement au 1ᵉʳ janvier 1884 et assurer le service des rentes viagères en cours à la même date, le Ministre des finances est autorisé à inscrire au grand-livre de la Dette publique, section du 3 p. o/o amortissable, au nom de la Caisse nationale des retraites pour la vieillesse et à titre de dotation, une somme de rentes correspondant, d'après le cours moyen de 1883, au capital des rentes perpétuelles dont l'annulation a été opérée en échange de rentes viagères.

LOI

relative à la Caisse des retraites pour la vieillesse.

Du 12 juin 1861.

Art. 4. Les étrangers sont admis à faire des versements à la Caisse des retraites pour la vieillesse aux mêmes conditions que les nationaux.

Art. 5. Les versements effectué par les sociétés de secours mutuels ne sont soumis à aucune limite.

Art. 6. L'entrée en jouissance de la pension est fixé à partir de chaque année d'âge accomplie de cinquante à soixante-cinq ans.

Les tarifs sont calculés jusqu'à ce dernier âge.

Les rentes viagères au profit de personnes âgées de plus de soixante-cinq ans sont liquidées suivant les tarifs déterminés pour cet âge.

Art. 9. Au décès du titulaire de la rente, avant ou après l'époque de l'entrée en jouissance, le capital déposé est remboursé sans intérêt aux ayants droit.

LOI

qui modifie celle du 12 juin 1861, relative à la Caisse des retraites pour la vieillesse.

Du 4 mai 1864.

Le maximum de la rente viagère que la Caisse des retraites est autorisée à faire inscrire sur la même tête est fixé à mille cinq cents francs.

DÉCRET

portant règlement sur la Caisse des retraites pour la vieillesse.

Du 27 juillet 1861.

Art. 2. Tout déposant qui, soit par lui-même, soit par un intermédiaire, opère un premier versement, fait connaître ses nom, prénoms, qualités civiles, âge, profession et domicile.

Il produit *son acte de naissance* [1], ou, à défaut, un acte de notoriété qui en tienne lieu, délivré dans les formes prescrites par l'article 71 du Code civil.

Art. 16, § 2. A l'époque de l'entrée en jouissance de la rente viagère, le montant en sera définitivement fixé et inscrit au grand-livre de la Dette publique, conformément aux règles de la comptabilité publique.

A cet effet, le titulaire.... devra en faire l'envoi au Directeur de la Caisse des dépôts et consignations en l'accompagnant de son *certificat de vie.*

Art. 26. Les tarifs dressés en exécution des articles 3 de la loi du 18 juin 1850 et 2 de la loi du 12 juin 1861 sont établis sur l'unité de franc.

Art. 27. Pour l'application des tarifs, les trimestres commenceront les 1er janvier, 1er avril, 1er juillet et 1er octobre.

Art. 28. *Les certificats de vie* [1] à produire, soit pour l'inscription des rentes viagères de la vieillesse, soit pour le payement des arrérages desdites rentes, sont exemptés des droits de timbre et peuvent être délivrés, soit par les notaires, soit par le maire de la résidence du rentier.

---

[1] Voir article 11 du décret organique du 26 mars 1852.

EXTRAIT
DES REGISTRES DES ACTES DE NAISSANCE

de la commune de   *arrondissement de*

département de

pour l'année mil huit cent

ACTE DE NAISSANCE

de [1]

né le [2]

mil

à   arr^t d

département d

fil   de [3]

et de [4]

[5]

Certifié conforme aux registres de l'état civil et délivré gratuitement sur papier libre, conformément aux articles 11 de la loi du 18 juin 1850 et 19 de celle du 11 juillet 1868.

Le   188   .

[6]   [7]

---

[1] Nom et prénoms de l'enfant.

[2] Date de naissance (en toutes lettres).

[3] Nom et prénoms du père.

[4] Nom et prénoms de la mère.

[5] Indiquer, s'il y a lieu, les mentions mises en marge de l'acte.

[6] Apposer le timbre du tribunal ou de la mairie.

[7] Le greffier du tribunal ou le maire.

CERTIFICATS DE VIE.

(Art. 1983 du Code civil.)

Le propriétaire d'une rente viagère n'en peut demander les arrérages qu'en justifiant de son existence.

Règlement pour servir à l'exécution du décret du 31 mai 1862 sur la comptabilité publique. (Analyse des divers modes d'administration, etc.)

§ 99. La première justification à produire pour tout rentier viager ou pensionnaire est un certificat de vie.... dont *la date doit être du jour de l'expiration du trimestre.... exigible, ou postérieure à ce jour.*

§ 112. Le certificat de vie.... est rapporté à l'appui de chaque payement.

CIRCULAIRE DU MINISTRE DE L'INTÉRIEUR
DU 1er AVRIL 1879.

Les certificats de vie destinés à être produits à des caisses publiques doivent être *datés en toutes lettres.*

CIRCULAIRE DU MINISTRE DE L'INTÉRIEUR
DU 5 AVRIL 1882.

MONSIEUR LE PRÉFET, M. le Ministre des finances m'informe qu'en raison du nombre toujours croissant des titulaires de rentes viagères de la vieillesse, il a fait établir une formule uniforme de certificat de vie qui a, en outre, l'avantage de rendre plus facile et plus rapide le travail des agents du Trésor. Ce certificat, qui doit être produit par les intéressés pour obtenir le payement de chaque trimestre d'arrérages de leur pension, sera, à l'avenir, employé, exclusivement à tous autres modèles, par les maires certificateurs. L'Administration des finances fournit ces formules de certificats de vie à MM. les trésoriers généraux, pour être remises aux maires sur leur demande; mais beaucoup de municipalités font imprimer elles-mêmes des formules qui sont alors incomplètes. C'est dans un but d'uniformité et pour éviter des rejets aux parties intéressées que mon collègue m'a adressé le modèle ci-joint, dont vous voudrez bien prescrire l'emploi à tous les maires de votre département, notamment en ce qui concerne les pensions de retraite concédées par les sociétés de secours mutuels approuvées.

Quant aux certificats de vie à produire pour obtenir la création de nouvelles pensions de retraite concédées par les sociétés de secours mutuels, ils continueront à être établis dans mes bureaux, conformément aux actes de naissance joints au dossier que vous avez à me transmettre, et adressés dans les départements autres que la Seine par votre intermédiaire aux présidents.

MINISTÈRE
DES FINANCES.

RENTES VIAGÈRES
POUR LA VIEILLESSE.

MAIRIE
d

DÉPARTEMENT
d

(1) L'attestation des témoins n'est obligatoire qu'autant que le maire le juge nécessaire.

(2) Indiquer, pour une femme, le nom de naissance seulement.

(3) *Pour une femme :*
Faire suivre ses prénoms des mots : *femme du sieur un tel, ou veuve une telle.*
Pour une fille :
Porter la mention : *célibataire.*

(4) Dans le cas où le titulaire ne peut signer, soit par ignorance, soit par impuissance, le certificat doit en faire mention.

CERTIFICAT DE VIE
DÉLIVRÉ SUR PAPIER LIBRE
EN EXÉCUTION DE L'ARTICLE 11 DE LA LOI DU 18 JUIN 1850
RELATIVE À LA CAISSE DE RETRAITES.

Je soussigné, Maire de la commune de
arrondissement d   certifie, sur l'attestation de (1)

que M (2)   prénommé   (3)

demeurant
né   à   département d
le   mil   cent
suivant son acte de naissance qu' l   m'a représenté,
et sur la tête d   quel   existe l   titre   de rente viagère pour la vieillesse détaillé   dans le tableau ci-dessous,
est vivant   pour s'être présenté   aujourd'hui devant moi;
en foi de quoi j'ai délivré le présent qu'   a signé avec
moi (4)
         A   , le   mil huit cent quatre-vingt-

Signature d   comparant :   *Signature du Maire :*

Sceau de la Mairie :

DÉPARTEMENT
d

ARRONDISSEMENT
d

Vu bon à payer par le Percepteur de la commune ci-dessus, ou, à son défaut, par l'un des Receveurs des revenus indirects de la même localité.

Le

(5) En toutes lettres.

Quittance de payement du trimestre échu le 1er   188

NOM DU JOUISSANT.	NUMÉROS DES INSCRIPTIONS.	SOMMES	
		ANNUELLES.	TRIMESTRIELLES.
	MONTANT DU TERME.........		

Pour acquit de la somme de (5)

reçue par moi   *porteur du certificat*
d'inscription, demeurant

         A   , le   188 .

Payé par moi, soussigné, { Receveur particulier à
Percepteur des contributions directes à
Receveur d

Timbre-quittance.

LIQUIDATION DES PENSIONS DE RETRAITE.

Circulaire du Ministre de l'intérieur du 21 février 1873.

Monsieur le Préfet, le nombre des pensions de retraite concédées par les sociétés de secours mutuels approuvées s'est considérablement augmenté pendant ces dernières années et tend tous les jours à s'accroître. Un assez grand nombre de ces associations, dont la création remonte à une date déjà éloignée, ont atteint en effet la durée de fonctionnement et la somme d'économies qui devaient leur permettre de compléter, par le vote des pensions, les avantages considérables qu'elles assurent aux sociétaires. Mais l'application, toute nouvelle pour ces sociétés, du décret du 26 avril 1856, devait présenter pour beaucoup d'entre elles des difficultés résultant de leur inexpérience : illégalité de délibérations, omissions de certaines formalités, retards dans la transmission des procès-verbaux. Ces inconvénients, outre qu'ils surchargent la correspondance administrative, entraînent pour les nouveaux pensionnaires la perte d'un trimestre, d'un semestre, souvent d'une année de la rente viagère qui leur est accordée. Plusieurs vieillards désignés pour la pension sont même décédés avant d'avoir pu en toucher un seul terme. Il importe donc que les sociétés de secours mutuels soient plus complètement éclairées sur les règles qu'elles ont à suivre pour concéder la pension et pour en obtenir promptement la liquidation.

Aux termes des articles 6 et 8 du décret du 26 avril 1856 :

1° Les sociétés doivent désigner en assemblée générale les candidats aux pensions de retraite parmi les membres participants âgés de plus de cinquante ans et qui ont acquitté la cotisation sociale pendant dix ans au moins ;

2° La même délibération doit fixer la quotité de la pension ;

3° Les pensions ne peuvent être inférieures à 30 francs, ni excéder, dans aucun cas, le décuple de la cotisation annuelle de la société.

Il arrive fréquemment que le président d'une société demande la liquidation d'une pension accordée *par le bureau,* ou que le candidat désigné ne remplit pas les conditions imposées, soit par l'article 6 du décret, soit par les dispositions des statuts spéciales aux pensions.

Vous voudrez donc bien, avant de me transmettre le dossier, vous assurer, d'après les pièces qui le composent, que le candidat réunit les conditions statutaires et qu'il a été désigné *directement* et *personnellement* par l'assemblée générale. Il ne suffit pas d'établir, comme on l'a cru dans certaines sociétés, que le candidat a atteint l'âge ainsi que le temps de sociétariat exigés par le décret de 1856 et par les statuts, car il pourrait y avoir dans la même société plusieurs membres participants ayant l'âge et l'ancienneté voulus, alors que le revenu disponible du fonds de retraites ne permettrait pas de donner à tous la pension. En conséquence, il est de toute nécessité qu'un vote intervienne, conformément au décret de 1856, et désigne le plus intéressant des candidats. Il est donc bien entendu que l'assemblée générale doit être consultée, à peine de nullité, qu'il y ait un ou plusieurs sociétaires ayant des titres à la pension ; et vous devrez veiller à ce que la quotité de la pension soit mentionnée dans la délibération, quand bien même le chiffre en serait déterminé par les statuts.

Certaines sociétés ont concédé des pensions sans se préoccuper de la limitation, soit au minimum de 30 francs, soit au décuple de la cotisation annuelle imposée par l'article 8 du décret réglementaire.

Les premières n'ont pu être accordées et les secondes ont dû être réduites d'office. Comme ces réductions ont donné lieu à des plaintes, il conviendra qu'à l'avenir vous invitiez, le cas échéant, le président à faire modifier la délibération.

Les sociétés déterminent presque toujours la date de l'entrée en jouissance de la pension, qui souvent est la date même du jour où est prise la délibération. Cette indication sans valeur résulte de l'oubli des dispositions du décret en date du 27 juillet 1861, portant règlement *d'administration publique sur la Caisse des retraites pour la vieillesse* (art. 27), ainsi conçu : « Pour l'application des tarifs, les trimestres « commencent les 1ᵉʳ janvier, 1ᵉʳ avril, 1ᵉʳ juillet et 1ᵉʳ octobre, etc. « La rente viagère commence à courir du premier jour du tri- « mestre... etc. etc. » Il suffit de lire ces textes pour comprendre que je ne puis tenir aucun compte des réclamations qui peuvent se produire. La loi a formellement indiqué les dates d'entrée en jouissance ; vous devrez les porter à la connaissance des présidents, afin que toute incertitude cesse à cet égard : ils comprendront dès lors que les propositions de pension doivent parvenir au Ministère de l'intérieur un mois avant le trimestre avec lequel commence la jouissance de la pension, et ils hâteront leurs envois. Quant aux titres de rentes qui sont transmis aux présidents par vos soins, je les reçois du Trésor public et je vous les adresse dans les derniers jours du trimestre où commence la jouissance, de manière que les titulaires en soient porteurs lors de la première échéance [1].

Afin de régulariser l'instruction de chaque liquidation et d'éviter les renvois des pièces, vous veillerez à ce que je reçoive exactement :

1° Copie ou extrait de la délibération de l'assemblée générale certifiée conforme par le président. Cette pièce mentionne les nom et prénoms du candidat, indique la quotité de la pension, le nombre des années de cotisation payées par lui (avec le chiffre de la cotisation annuelle), et constate qu'il se trouve dans les conditions prévues par les statuts de la société; s'il s'agit d'une femme mariée, la délibération devra porter, à la suite de ses nom et prénoms, ceux de son mari. Dans le cas où le procès-verbal ne contiendrait pas ces derniers renseignements, il y aurait lieu d'y faire suppléer par un certificat du président;

2° L'acte de naissance du candidat ou, à défaut, un autre acte de l'état civil, ou, à défaut encore, une pièce officielle et authentique, telle que certificat de libération du service militaire, etc.[2]

Vous ne négligerez pas de rappeler aux présidents qu'aux termes de l'article 11 du décret du 26 mars 1852, tous les actes intéressant les sociétés de secours mutuels approuvées sont exempts des droits de timbre et d'enregistrement.

L'Administration n'est souvent informée du décès des pensionnaires que très tardivement. Le capital affecté au service de la pension restant improductif pendant le temps qui s'écoule entre la date du décès et celle de l'arrivée de l'acte mortuaire à la Caisse des dépôts et consignations, les sociétés sont intéressées à transmettre cet acte le plus rapidement possible.

---

[1] Voir loi du 12 août 1876, art. 13, p. 33.

[2] Le décret du 27 juillet 1861 exige la production d'un *acte de naissance* ou d'un *acte de notoriété*. Si une autre pièce est présentée, l'Administration de la Caisse des dépôts et consignations procède elle-même à la recherche de l'acte de naissance; les délais nécessaires pour la liquidation de la pension sont, dans ce cas, forcément beaucoup plus longs.

Telles sont, Monsieur le Préfet, les observations auxquelles m'a paru donner lieu le service des pensions. Je vous prie de veiller à ce que ces prescriptions soient ponctuellement exécutées, et à ce que tout ce qui concerne ces intéressantes associations soit dans vos bureaux l'objet d'une sérieuse et bienveillante attention.

PENSIONS DE RETRAITE. — MODÈLE DE DÉLIBÉRATION.

Circulaire du Ministre de l'intérieur du 6 décembre 1877.

Monsieur le Préfet, malgré les instructions générales qui ont été données par mes prédécesseurs, notamment dans la circulaire du 21 février 1873, les dossiers des pensions de retraite concédées par les sociétés de secours mutuels parviennent très souvent incomplets au Ministère de l'intérieur.

Les présidents de certaines sociétés ne paraissent pas toujours se rendre compte des garanties que l'Administration a le devoir d'exiger, en exécution des statuts et du décret réglementaire du 26 avril 1856, avant de disposer des fonds des sociétés et de procéder à l'inscription d'un nouveau rentier sur le grand-livre de la Dette publique et à la délivrance d'un titre de rentes sur l'État.

Il importe donc de simplifier autant que possible l'accomplissement des formalités à remplir. C'est dans ce but que j'ai fait établir le modèle ci annexé de délibération où seront consignés, sous la responsabilité du président et du secrétaire, tous les renseignements qui sont indispensables pour que je puisse autoriser la liquidation d'une pension.

Vous trouverez ci-joint un nombre de ces imprimés proportionné à celui des sociétés de secours mutuels approuvées de votre département en possession d'un fonds de retraite. Vous voudrez bien les transmettre aux présidents, en les invitant à se conformer à ce modèle [1].

J'espère que l'adoption de cette formule fera cesser les retards auxquels donnent lieu les suppléments d'instructions et réduira le surcroît de correspondance qui en résulte actuellement.

---

[1] Des imprimés semblables se trouvent à la librairie Paul Dupont, rue Jean-Jacques-Rousseau, n° 41, à Paris.

VOTE DES PENSIONS DE RETRAITE.

Modèle de délibération et tarif à 4 1/2 p. 0/0.

Circulaire du Ministre de l'intérieur et des cultes du 25 janvier 1883.

Monsieur le Préfet, malgré la sollicitude de mon administration et le concours bienveillant de M. le Conseiller d'État, Directeur général de la Caisse des dépôts et consignations, la délivrance des titres des pensions de retraite concédées à leurs membres participants âgés ou infirmes par les sociétés de secours mutuels approuvées exige encore d'assez longs délais. Ces retards doivent être attribués non seulement à l'augmentation considérable du nombre des pensions accordées, qui s'est élevé, pour le dernier trimestre de l'année 1882, à 1,044, mais encore aux renseignements incomplets et aux pièces irrégulières transmises par les présidents. L'administration de la Caisse des dépôts et consignations ne trouve certaines indications, qui sont exigées par l'article 2 du décret du 27 juillet 1861 sur la Caisse des retraites de la vieillesse, que dans les certificats de vie, qui, bien qu'établis dans mes bureaux, ne me sont renvoyés presque toujours que très tardivement. M. le Directeur général m'a donc fait remarquer que, si ces renseignements, au lieu de lui parvenir après l'ouverture du trimestre de jouissance des pensions, lui étaient adressés en même temps que les actes de naissance, le travail pourrait s'exécuter dans ses bureaux en une seule fois, ce qui permettrait de délivrer plus rapidement les titres de rente.

Vous trouverez ci-joint un nouveau modèle de délibération contenant deux colonnes dans lesquelles seront indiquées, d'une part, l'état civil (marié, célibataire, veuf ou veuve), d'autre part, la profession du membre participant admis à la pension.

De plus, ce tableau porte des numéros indiquant l'ordre dans lequel les pensions doivent être liquidées. Il arrive fréquemment, en effet, que le capital disponible au fonds de retraites de la société est insuffisant pour la création de toutes les pensions concédées. Mon administration, n'ayant pas qualité pour faire parmi les candidats présentés un choix, qui, aux termes de l'article 6 du décret du 26 avril

1856, appartient à l'association réunie en assemblée générale, est obligée d'inviter le président, soit à provoquer un versement complémentaire au fonds de retraites, soit à lui désigner les pensionnaires qui doivent être pourvus les premiers. Cette manière de procéder entraîne le plus souvent l'ajournement des pensions au trimestre suivant. Grâce à cette disposition nouvelle, et afin d'éviter aux pensionnaires la perte d'un ou plusieurs trimestres, les pensions seront liquidées dans l'ordre indiqué par la société elle-même. La liquidation des pensions pour lesquelles il y aurait insuffisance de fonds se trouverait suspendue jusqu'à ce que la société ait versé à sa Caisse de retraites la somme nécessaire, ou que le capital des pensions dont les titulaires seraient décédés sans que l'administration en ait reçu avis soit réintégré après envoi de l'acte de décès.

Enfin, ce nouveau modèle de délibération porte au verso le tarif des pensions de retraite fixé à 4 1/2 p. o/o par la loi de finances du 29 décembre 1882 [1]. Ce tableau, rapproché de l'état de situation du fonds de retraites que les sociétés reçoivent chaque année vers le mois de juin, leur permettra d'apprécier la somme nécessaire pour constituer les pensions.

Je vous prie, Monsieur le Préfet, de veiller à ce que les délibérations jointes aux dossiers des pensions de retraite concédées par les sociétés de secours mutuels de votre département ne me soient transmises par votre préfecture que lorsqu'elles auront été reconnues rigoureusement conformes à ces instructions et toujours accompagnées de l'acte de naissance portant *la date de naissance en lettres* ou d'un acte de notoriété.

Vous voudrez bien faire insérer dans le Recueil des actes administratifs de votre préfecture la présente circulaire, qui sera, d'ailleurs reproduite dans les statuts-modèles et dans le Bulletin des sociétés de secours mutuels, et m'en accuser réception.

---

[1] Voir page 34.

DÉPARTEMENT

d

COMMUNE

d

SOCIÉTÉ DE SECOURS MUTUELS.

d   à

EXTRAIT DU REGISTRE DES DÉLIBÉRATIONS.

Assemblée générale du

L'an mil huit cent   et le   du mois d   , les membres de la Société de secours mutuels d   se sont réunis en assemblée générale sous la présidence de M.   , président.

Vu l'article 8 du décret du 26 avril 1856, ainsi conçu : « Les pensions ne peuvent « être inférieures à 30 francs, ni excéder, dans aucun cas, le décuple de la cotisation « annuelle fixée par les statuts de la société à laquelle le titulaire appartient. »

Sur la proposition du bureau,

Considérant que M. [1]   toujours payé régulièrement la cotisation montant à   par an ; qu'   rempli   toutes les conditions prescrites par l'article   des statuts qui fixe à   ans d'âge et à   ans de sociétariat l'admissibilité à une pension de retraite,

L'assemblée générale accorde à ce sociétaire une pension fixée ainsi qu'il suit :

Nº d'ordre [2]	NOM du CANDIDAT. [1]	PRÉNOMS	DATE de la NAISSANCE. (Décret du 26 avril 1856, art. 6.)	ÉTAT CIVIL. Marié, célibataire, veuf ou veuve (décret du 27 juillet 1861, art. 2).	PROFESSION (décret du 27 juillet 1861, art. 2).	DATE D'ADMISSION dans la société. Décret du 26 avril 1856, art. 6.)	MONTANT de la PENSION. (3) Décret du 26 avril 1856, art. 6.)	DÉPARTEMENT dans lequel la pension sera payée. (Inst. génér. du 1er août 1877.)
1								
2								
3								
4								
5								
6								
7								
8								
9								

L'acte de naissance est ci-joint.

[4]   Le   188

Timbre de la Société.

Le Président,

Le Secrétaire,

(1) Si la personne présentée est du sexe féminin, mariée ou veuve, ses nom et prénoms devront précéder le nom de son mari avec la mention « *femme de* » ou « *veuve de* ».

(2) Les pensions seront liquidées suivant l'ordre des numéros.

(3) Écrire la somme en toutes lettres.

(4) Plusieurs sociétés fonctionnant dans de grandes villes ou dans de grands établissements industriels voulant être assurées d'être informées en temps opportun du décès des pensionnaires, ont ajouté à cette délibération la disposition suivante :

« Les titres des pensions resteront dans la caisse de la Société ; il en sera délivré une ampliation aux titu-« laires et leurs arrérages leur seront payés à chaque trimestre sur la production de leur certificat de vie.

« Après le décès des pensionnaires, l'extrait d'inscription sera remis aux héritiers afin qu'ils puissent toucher « les arrérages échus. »

Pièce à produire pour constater la date de la naissance.

ART. 35. *Acte de naissance* du titulaire de la rente. En cas d'impossibilité de produire cette pièce, il ne peut y être suppléé que par *un acte de notoriété* délivré dans la forme prescrite par l'article 71 du Code civil, ou par un extrait du jugement d'homologation dudit acte (décret du 27 juillet 1861, art. 2, § 2).

La Direction générale admet de simples extraits non légalisés des actes de naissance. Mais ces extraits doivent, en tous cas, énoncer les dates de naissance (en toutes lettres), les nom et prénoms du déposant, et ceux des père et mère. Ils doivent, en outre, être signés par l'officier de l'état civil qui délivre l'acte et revêtus du cachet de la mairie ou du tribunal. (Instruction générale sur la Caisse des retraites pour la vieillesse, du 1ᵉʳ août 1877.)

Par qui peuvent être valablement délivrées des copies ou expéditions des pièces justificatives.

ART. 43. Dans le cas où l'original des actes de l'état civil et autres pièces justificatives énumérées ci-dessus n'est pas produit, il doit en être remis des expéditions délivrées par les dépositaires publics de l'original ou d'une expédition authentique.

Une copie délivrée, même par un officier public, et certifiée *conforme à l'original représenté et immédiatement rendu,* ne peut être acceptée. (Instruction générale sur la Caisse des retraites pour la vieillesse, du 1ᵉʳ août 1877.)

PENSIONS. — ORDONNANCEMENT DES ARRÉRAGES.

Circulaire du Ministre de l'intérieur et des cultes du 3 mars 1880.

MONSIEUR LE PRÉFET, les arrérages des rentes viagères des pensionnaires des sociétés de secours mutuels approuvées sont ordonnancés par M. le Ministre des finances au profit de celui des préposés du Trésor public qui est chargé de les payer aux intéressés, soit au siège de l'association, soit dans le département où est domicilié le rentier.

Le domicile du pensionnaire, indiqué dans le certificat de vie qu'il présente pour l'inscription de sa rente au grand-livre de la Dette publique, est, en effet, souvent éloigné de la localité dans laquelle la société est établie. D'autre part, dans le but d'être informées en temps utile du décès de leurs pensionnaires, un grand nombre de sociétés imposent à ceux-ci l'obligation de déposer leur extrait d'inscription dans la caisse de l'association, qui se charge de leur faire parvenir le montant des arrérages de leur rente viagère [1].

Il est donc essentiel que le dossier de la pension renferme toujours à cet égard des indications précises.

Je vous transmets ci-joint un nouveau modèle de délibération qui contient une colonne dans laquelle seront mentionnés la localité et le département où devront être payées les rentes des pensionnaires. Vous voudrez bien en faire parvenir un exemplaire à chacune des sociétés de secours mutuels approuvées de votre département en possession d'un fonds de retraites.

PAYEMENT DES ARRÉRAGES

des pensions de retraite.

Circulaire du Ministre de l'intérieur du 27 octobre 1876.

Monsieur le Préfet, l'article 13 de la loi du 12 août 1876, qui réglemente le mode de payement des arrérages des pensions servies par la Caisse des retraites pour la vieillesse, ayant donné lieu à des difficultés d'interprétation, j'ai cru devoir appeler l'attention de M. le Conseiller d'État, Directeur général de la Caisse des dépôts et consignations, et lui signaler les demandes de liquidation de pensions de retraite, *avec jouissance du 1er décembre prochain,* qui m'avaient été adressées par plusieurs présidents de sociétés de secours mutuels approuvées.

Je vous transmets la réponse qui m'a été faite le 18 octobre

---

[1] Voir p. 4, note 49.

dernier et qui ne laisse aucun doute sur l'application de la loi du
12 août :

« Les dispositions nouvelles de l'article précité n'ont apporté aucun
« changement dans la liquidation définitive des rentes viagères de la
« Caisse des retraites pour la vieillesse, telle qu'elle a été réglée par
« les lois et décrets régissant celte Caisse. Ces dispositions, en effet,
« nécessitées par des raisons d'ordre public, ont eu seulement pour
« objet de changer les époques de payement des rentes viagères, dont
« le point de départ reste toujours fixé, pour l'application des tarifs,
« aux dates des 1er janvier, 1er avril, 1er juillet et 1er octobre. Voici, du
« reste, en quels termes M. le Conseiller d'État, Directeur général de
« la comptabilité publique, expose, dans sa circulaire du 18 août der-
« nier, les raisons qui ont motivé cette mesure, laquelle, ainsi qu'il le
« dit lui-même, n'entraîne aucune modification dans les titres de rente
« viagère ou de pension :

« Les pensions civiles et militaires, ainsi que les rentes viagères
« pour la vieillesse, échéant les 1er janvier, 1er avril, 1er juillet et 1er oc-
« tobre, c'est-à-dire le même jour que la rente 3 p. o/o, il en résulte
« dans les caisses du Trésor, tant à Paris que dans les départements,
« une affluence de public telle, qu'il est matériellement impossible de
« payer tous les pensionnaires dans les premiers jours de chaque tri-
« mestre. Cet état de choses amenant constamment des réclamations de
« la part des pensionnaires, il a paru qu'un moyen d'accélérer les
« payements et de prévenir des plaintes dont on ne peut méconnaître
« le bien fondé consisterait à avancer d'un mois l'époque d'échéance
« des arrérages trimestriels, qui serait ainsi fixée aux 1er décembre,
« 1er mars, 1er juin et 1er septembre de chaque année. »

EXTRAIT DES REGISTRES DES ACTES DE DÉCÈS

de la commune d

arrond *d*   *dév* *d*

pour l'année mil huit cent

ACTE DE DÉCÈS

de [1]

âgé de

né le [2]

mil

à   arrond[t] d

département d

exerçant la profession de

fil de [3]

et de [4]

[5]

décédé le [6]

mil

à . . . . arrondissement d

département de . . . .

Certifié conforme aux registres de l'état civil et délivré gratuitement sur papier libre, conformément aux articles 11 de la loi du 18 juin 1850 et 19 de celle du 11 juillet 1868.

Le   188 .

   [7]   [8]

---

[1] Nom et prénoms du défunt.

[2] Date de naissance **(en toutes lettres)**.

[3] Nom et prénoms du père.

[4] Nom et prénoms de la mère.

[5] Indiquer, s'il y a lieu, les mentions mises en marge de l'acte.

[6] Date du décès (en toutes lettres).

[7] Apposer le timbre du tribunal ou de la mairie.

[8] Le greffier du tribunal ou le maire.

PAYEMENT AUX HÉRITIERS

des arrérages échus avant le décès du titulaire d'une pension de retraite.

Circulaire du Ministre de l'intérieur du 2 mars 1878.

Monsieur le Préfet, par une circulaire en date du 19 novembre 1874, l'un de mes prédécesseurs vous faisait connaître les formalités exigées par l'Administration des finances pour le payement aux héritiers d'un pensionnaire décédé des arrérages échus au jour du décès du titulaire.

D'après ces instructions, les héritiers devaient transmettre directement aux comptables à la caisse desquels les rentes viagères étaient payées le titre de rente du sociétaire décédé, son acte de décès et un certificat de propriété.

M. le Ministre des finances vient de m'adresser des renseignements plus complets, que je vous prie de porter le plus tôt possible à la connaissance des présidents des sociétés de secours mutuels de votre département.

Les pièces à produire sont :

1° *Le certificat d'inscription;* s'il est adiré, une déclaration de perte faite devant le maire en présence de deux témoins;

2° *L'acte de décès du titulaire de la pension ;* cet acte peut être expédié sur papier libre.

Quand il n'est pas délivré à Paris, la signature du maire ou de l'officier qui le remplace doit être légalisée, en France et dans les possessions françaises, par le président du tribunal civil ou par le juge de paix, selon le cas, d'après la loi du 2 mai 1861 ; à l'étranger, par l'autorité locale : la signature de cette autorité sera légalisée par un agent diplomatique ou consulaire français.

On est dispensé de produire cet acte de décès au Trésor lorsque le notaire donne spécialement, en tête du certificat de propriété, une copie (ou extrait) dudit acte, dont il déclare avoir une expédition dans ses archives (Circulaire de la Direction générale de la comptabilité publique du 1ᵉʳ mai 1876, § 6);

3° *Un certificat de propriété;* les sommes de 50 francs et au-dessous pourront être payées sur la production d'un certificat du maire énonçant que les parties y dénommées ont seules droit de toucher la somme due, en qualité d'héritiers. LA SIGNATURE DU MAIRE DANS LES DÉPARTEMENTS AUTRES QUE CELUI DE LA SEINE DEVRA ÊTRE LÉGALISÉE.

Si la somme est supérieure à 50 francs, il y a lieu de produire un certificat de propriété délivré en exécution de l'article 6 de la loi du 28 floréal an VII, soit par le notaire détenteur de la minute de l'inventaire ou de tout acte translatif de propriété, soit par le juge de paix du domicile du défunt, à défaut d'inventaire, partage, etc. Il pourra encore être délivré par le juge de paix, lorsqu'il ne fera que viser un contrat de mariage d'après lequel la veuve serait qualifiée de commune en biens.

Voici le modèle de ce certificat:

Je soussigné (*nom et prénoms*), juge de paix de...... département de.... ......certifie, en exécution de la loi du 28 floréal an VII, sur l'attestation des sieurs (*nom, prénoms, domicile et qualités des témoins*), qu'après le décès de (*mettre ici les nom, prénoms, domicile et qualités du rentier viager décédé*), arrivé le........ à (*où il demeurait, rue..... n°......*), dans l'étendue de mon arrondissement, il n'a point été fait d'inventaire, et qu'il n'a laissé pour seuls et uniques héritiers que (*noms, prénoms, domiciles et qualités des héritiers, et la proportion dans laquelle chacun d'eux est héritier*);

Et qu'en cesdites qualités ils ont seuls le droit de toucher et recevoir la totalité des arrérages qui peuvent être dus et échus jusqu'au jour du décès dudit.......... de la rente viagère dont il jouissait sur les revenus de l'État, suivant le ou les extraits d'inscription au grand-livre des rentes viagères numérotées......., de...... francs.

En foi de quoi j'ai délivré le présent, à la réquisition des héritiers (*ou de l'un d'eux se portant fort pour les autres*).

Fait à......., ce......

Et ont lesdits témoins (*et déclarants*) signé avec moi, après lecture.

Ce certificat est exempt de timbre et d'enregistrement[1]. (Loi du 18 juin 1850; décision ministérielle du 31 janvier 1855.) La signature des notaires et des juges de paix autres que ceux du département de la Seine sera dûment légalisée.

Toute pièce rédigée en langue étrangère doit être produite par un traducteur juré, dont la signature sera légalisée par le président du tribunal près lequel il est assermenté.

Vous ne manquerez pas, Monsieur le Préfet, de faire ressortir l'intérêt que présente pour les membres des sociétés de secours mutuels la possibilité qui est donnée aux héritiers des pensionnaires de toucher les arrérages échus à leur décès à l'aide de justifications peu coûteuses et toujours faciles à fournir. Sauf de rares exceptions, les sommes à payer seront inférieures à 50 francs; les ayants droit n'auront à se procurer, outre le titre de rente et l'acte de décès, qu'un certificat du maire. Ils pourront donc toujours encaisser la somme, quelque faible qu'elle soit.

Je vous prie de m'accuser réception de la présente circulaire, qui sera insérée dans la 11ᵉ édition des Statuts-modèles, dans le Bulletin des sociétés de secours mutuels et dans le Recueil des actes administratifs de votre département.

---

[1] A la suite de difficultés survenues à l'occasion du payement d'arrérages après décès de rentes viagères pour la vieillesse, le Ministre de l'intérieur a consulté le Ministre des finances, qui a reconnu exactes toutes les indications données dans la présente circulaire, sur la question de savoir s'il y a lieu de soumettre au timbre les certificats de propriété que les maires délivrent aux héritiers des pensionnaires pour toucher les arrérages échus à leur décès. M. le Ministre des finances a répondu :

« Une décision ministérielle du 7 février 1853 s'est prononcée pour la néga-
« tive, par le motif que les pièces dont il s'agit sont comprises par l'article 11
« de la loi du 18 juin 1850 parmi les documents *relatifs à l'exécution de la*
« *loi* et, à ce titre, dispensés des droits de timbre et d'enregistrement. »
(Lettre de M. le Ministre des finances du 27 mai 1882.)

Réintégration aux caisses des retraites des fonds affectés à des rentes viagères après le décès des titulaires. — Renvoi des titres de rente aux héritiers.

Circulaire du Ministre de l'intérieur du 22 septembre 1877.

Monsieur le Préfet, aux termes de l'article 4, paragraphe 3, du décret réglementaire du 26 avril 1856 (Statuts-modèles, p. 30) sur les caisses de retraite des sociétés de secours mutuels approuvées, vous devez me transmettre sur papier libre (article 11 de la loi du 18 juin 1850 et article 28 du décret du 27 juillet 1861, Statuts-modèles, p. 35 et 38) l'extrait de l'acte de décès des pensionnaires, afin que je puisse faire procéder par la Caisse des dépôts et consignations à la réintégration à la Caisse des retraites des fonds affectés au service des rentes éteintes.

Plusieurs de vos collègues ont cru devoir joindre à l'envoi de l'extrait de l'acte mortuaire les titres de rente; outre que cette pièce n'est d'aucune utilité pour l'exécution de l'article 4 du décret précité, elle est indispensable aux héritiers du titulaire, qui ont la faculté de réclamer le payement des arrérages échus avant le décès, après avoir produit le titre, l'extrait de l'acte de décès et le certificat de propriété, conformément aux indications contenues dans la circulaire du 19 novembre 1874 [1]. C'est donc aux parties intéressées, et non à mon département, que vous devez renvoyer les titres de rente, s'ils vous sont transmis par les présidents.

DÉCRET IMPÉRIAL

concernant les rentes viagères dont les arrérages n'auront pas été réclamés pendant trois années.

Du 8 ventôse an xiii (27 février 1805).

Art. 1. Les rentes viagères dont les arrérages n'auront point été réclamés pendant trois années consécutives, à compter de l'échéance du dernier semestre payé, seront

----

[1] Voir circulaire du 2 mars 1878, page 54.

présumées éteintes et ne seront plus comprises dans les états de payement.

ART. 2. Ces rentes pourront néanmoins être rétablies sur les états de payement, lorsque les ayants droit auront justifié au Trésor de leur existence par un certificat de vie en bonne forme. Dans ce cas, les arrérages échus seront acquittés au Trésor, à Paris, sauf les dispositions de l'article 156 de la loi du 24 août 1793, d'après lesquelles les arrérages de rentes ne pourront être réclamés pour plus de cinq années.

DÉCRET IMPÉRIAL

*concernant le mode de remplacement, en cas de perte,
des extraits d'inscription au grand-livre.*

Du 3 messidor an XII (22 juin 1804).

ART. 1. A l'avenir, il ne sera plus délivré de duplicata des extraits d'inscription aux grands-livres des cinq pour cent consolidés et de la dette viagère.

ART. 2. Les rentiers qui auraient perdu leurs extraits d'inscription en feront la déclaration devant le maire de la commune de leur domicile. Cette déclaration, faite en présence de deux témoins qui constateront l'individualité du déclarant, sera assujettie au droit fixe d'enregistrement d'un franc.

ART. 3. Ladite déclaration sera rapportée au Trésor public. Après en avoir fait constater la régularité, le Ministre du Trésor public autorisera le directeur au grand-livre à débiter le compte de l'inscription perdue et à la porter à compte nouveau par un transfert de forme; il sera remis

au réclamant un extrait original de l'inscription de ce nouveau compte.

Art. 4. Le transfert de forme autorisé par l'article précédent aura lieu dans le semestre qui suivra celui pendant
lequel la demande d'un nouvel extrait d'inscription aura
été adressée au Ministre du Trésor public.

MODÈLE DE DÉCLARATION

POUR OBTENIR DU MINISTÈRE DES FINANCES
LE DUPLICATA D'UN TITRE DE RENTE PERDU.

Aujourd'hui, le   18   , a comparu devant nous,
maire de la commune d   , département d
le sieur [1]   , né le   , demeurant à   ,
lequel nous a déclaré avoir perdu l'extrait d'une inscription viagère
de   francs, n°   , dont il est propriétaire, et nous a dit
qu'il désirait en obtenir le remplacement en la forme prescrite par le
décret du 3 messidor an XII, s'engageant à rapporter l'extrait adiré,
s'il se retrouve ; ladite déclaration faite en présence d
demeurant à   , et du sieur   , demeurant à
              , lesquels nous ont attesté l'individualité du déclarant et
ont, ainsi que lui, signé avec nous, les jour, mois et an que dessus.

(Suivent les signatures.)

Cette pièce est délivrée gratuitement et est dispensée des droits de
timbre et d'enregistrement. (Art. 11 de la loi du 18 juin 1850.)
La signature du maire (à l'exception de ceux de Paris) doit être
légalisée par le Préfet ou le Sous-Préfet.

---

[1] Nom, prénoms, date de la naissance.

ASSURANCES COLLECTIVES EN CAS DE DÉCÈS.

LOI

*portant création de deux caisses d'assurance, l'une en cas de décès
et l'autre en cas d'accidents résultant de travaux agricoles et industriels.*

Du 11 juillet 1868.

Art. 1. Il est créé, sous la garantie de l'État :

1° Une caisse d'assurance ayant pour objet de payer, au
décès de chaque assuré, à ses héritiers ou ayants droit, une
somme déterminée suivant les bases fixées à l'article 2 ci-
après;

2°. Une caisse d'assurance en cas d'accidents, ayant pour
objet de servir des pensions viagères aux personnes assurées
qui, dans l'exécution de travaux agricoles ou industriels,
seront atteintes de blessures entraînant une incapacité permanente de travail, et de donner des secours aux veuves et
aux enfants mineurs des personnes assurées qui auront péri
par suite d'accidents survenus dans l'exécution desdits travaux.

TITRE PREMIER.

DE LA CAISSE D'ASSURANCE EN CAS DE DÉCÈS.

Art. 2. La participation à l'assurance est acquise par le
versement de primes uniques ou de primes annuelles.

La somme à payer au décès de l'assuré est fixée conformément à des tarifs tenant compte :

1° De l'intérêt composé à quatre pour cent par an des
versements effectués;

2° Des chances de mortalité, à raison de l'âge des déposants, calculées d'après la table dite *de Deparcieux.*

ART. 3. Toute assurance faite moins de deux ans avant le décès de l'assuré demeure sans effet. Dans ce cas, les versements effectués seront restitués aux ayants droit, avec les intérêts simples à quatre pour cent.

Il en est de même lorsque le décès de l'assuré, quelle qu'en soit l'époque, résulte de causes exceptionnelles qui seront définies dans les polices d'assurance.

Les primes établies d'après les tarifs susénoncés seront augmentées de six pour cent.

Les sommes assurées sur une tête ne peuvent excéder trois mille francs.

Elles sont insaisissables et incessibles jusqu'à concurrence de la moitié, sans toutefois que la partie incessible et insaisissable puisse descendre au-dessous de six cents francs.

ART. 5. Nul ne peut s'assurer s'il n'est âgé de seize ans au moins et de soixante ans au plus.

ART. 7. *Les sociétés de secours mutuels approuvées conformément au décret du 26 mars 1852 sont admises à contracter des assurances collectives sur une liste indiquant le nom et l'âge de tous les membres qui les composent, pour assurer au décès de chacun d'eux une somme fixe qui, dans aucun cas, ne pourra excéder mille francs.*

Ces assurances seront faites pour une année seulement, et d'après des tarifs spéciaux déduits des règles générales arrêtées à l'article 2.

Elles pourront se cumuler avec les assurances individuelles [1].

----

[1] Voir article 17 du décret du 13 août 1877.

TITRE II.

DE LA CAISSE D'ASSURANCE EN CAS D'ACCIDENTS.

Art. 8. Les assurances en cas d'accidents ont lieu par année. L'assuré verse à son choix, et pour chaque année, huit francs, cinq francs ou trois francs.

Art. 9. Les ressources de la Caisse en cas d'accidents se composent : 1° du montant des cotisations versées par les assurés, comme il est dit ci-dessus; 2° d'une subvention de l'État à inscrire annuellement au budget et qui, pour la première année, est fixée à un million; 3° des dons et legs faits à la caisse.

Art. 10. Pour le règlement des pensions viagères à concéder, les accidents sont distingués en deux classes :

1° Accidents ayant occasionné une incapacité absolue de travail;

2° Accidents ayant entraîné une incapacité permanente du travail de la profession.

La pension accordée pour les accidents de la seconde classe n'est que la moitié de la pension afférente aux accidents de la première.

Art. 11. La pension viagère due aux assurés, suivant la distinction de l'article précédent, est servie par la Caisse des retraites, moyennant la remise qui lui est faite, par la Caisse des assurances en cas d'accidents, du capital nécessaire à la constitution de ladite pension d'après les tarifs de la Caisse des retraites.

Ce capital se compose, pour la pension en cas d'accidents de la première classe :

1° D'une somme égale à trois cent vingt fois le montant de la cotisation versée par l'assuré;

2° D'une seconde somme égale à la précédente et qui est prélevée sur les ressources indiquées aux paragraphes 2 et 3 de l'article 9.

Le montant de la pension correspondant aux cotisations de cinq francs et de trois francs ne peut être inférieur à deux cents francs pour la première et à cent cinquante francs pour la seconde. La seconde partie du capital ci-dessus est élevée de manière à atteindre ces minima, lorsqu'il y a lieu.

Art. 12. Les secours à allouer, en cas de mort par suite d'accident, à la veuve de l'assuré, et, s'il est célibataire ou veuf sans enfants, à son père ou à sa mère sexagénaire, est égal à deux années de la pension à laquelle il aurait eu droit aux termes de l'article précédent.

L'enfant ou les enfants mineurs reçoivent un secours égal à celui qui est attribué à la veuve.

Les secours se payeront en deux annuités.

Art. 13. Les rentes viagères constituées en vertu de l'article 9 ci-dessus sont incessibles et insaisissables.

Art. 14. Nul ne peut s'assurer s'il n'est âgé de douze ans au moins.

Art. 15. Les administrations publiques, les établissements industriels, les compagnies de chemins de fer, *les sociétés de secours mutuels autorisées, peuvent assurer collectivement leurs ouvriers ou leurs membres par listes nominatives, comme il a été dit à l'article 7.*

DISPOSITIONS GÉNÉRALES.

Art. 16. Les tarifs des deux caisses sont revisés tous les

cinq ans, à partir de 1870. Ils seront, s'il y a lieu, modifiés par une loi.

Art. 17. Les caisses d'assurance créées par la présente loi sont gérées par la Caisse des dépôts et consignations.

Toutes les recettes disponibles provenant soit des versements des assurés, soit des intérêts perçus par les caisses, sont successivement, et dans les huit jours au plus tard, employées en achat de rentes sur l'État. Ces rentes sont inscrites au nom de chacune des caisses qu'elles concernent.

Une Commission supérieure, instituée sur les bases de la loi du 12 juin 1861, est chargée de l'examen des questions relatives aux deux caisses.

Art. 18. A dater de la promulgation de la présente loi, le Gouvernement fera préparer de nouvelles tables de mortalité, d'après les données de l'expérience.

Il fera également dresser une statistique annuelle indiquant le nombre, la nature, les causes des accidents qui se produisent dans les différentes professions.

Art. 19. Un règlement d'administration publique déterminera, d'après les bases posées dans la présente loi, les conditions spéciales des polices et la forme des assurances : il désignera les agents de l'État par l'intermédiaire desquels les assurances pourront être contractées.

Les certificats, actes de notoriété et autres pièces exclusivement relatives à l'exécution de la présente loi seront délivrés gratuitement et dispensés des droits de timbre et d'enregistrement.

DÉCRET

du 13 août 1877,

qui modifie celui du 10 août 1868, portant règlement d'administration publique pour l'exécution de la loi du 11 juillet 1868, qui crée deux caisses d'assurance, l'une en cas de décès et l'autre en cas d'accidents résultant de travaux agricoles et industriels.

TITRE PREMIER.

DE LA CAISSE D'ASSURANCE EN CAS DE DÉCÈS.

ART. 1. Toute personne qui veut contracter une assurance fait une proposition à l'Administration de la Caisse des dépôts et consignations.

Cette proposition contient les nom et prénoms de l'assuré, sa profession, son domicile, le lieu et la date de sa naissance, la somme qu'il veut assurer, ainsi que les conditions spéciales de son assurance. Elle est signée par l'assuré ou par son mandataire spécial. Cette signature est légalisée par le maire de la résidence du signataire.

ART. 2. Les propositions d'assurance sont reçues, à Paris, à la Caisse des dépôts et consignations, et, dans les départements, par les trésoriers-payeurs généraux et par les receveurs particuliers des finances.

Elles sont également reçues par les percepteurs des contributions directes et les receveurs des postes.

Elles sont toujours accompagnées d'un versement qui comprend la prime entière, si l'assurance a lieu par prime unique, et la première annuité, si elle a lieu par primes annuelles.

ART. 3. Les propositions faites à Paris, à la Caisse des dépôts et consignations, lorsqu'elles sont reconnues régulières, sont immédiatement suivies de la délivrance d'un livret formant police d'assurance.

Celles qui ont lieu dans les départements sont transmises sans délai, avec le montant du versement, par le comptable qui les a reçues, à la Direction générale, qui, après les vérifications nécessaires, fait remettre le livret-police à l'assuré en échange du récépissé provisoire qui lui a été donné au moment du versement.

Art. 4. Le livret-police est revêtu du timbre de la Caisse des dépôts et consignations. Il porte un numéro d'ordre et reproduit les mentions indiquées dans la proposition d'assurance.

Il contient également par extrait les lois, décrets, instructions et tarifs concernant la Caisse des assurances en cas de décès.

Art. 5. Les primes annuelles autres que la première peuvent être versées par toute personne munie du livret, dans toute localité, entre les mains des comptables indiqués à l'article 2.

Art. 6. Chaque versement est constaté sur le livret-police par un enregistrement signé du comptable entre les mains duquel il a été opéré.

Cet enregistrement ne fait titre envers l'État qu'à la charge par l'assuré de faire viser dans les vingt-quatre heures, à Paris, pour les versements faits à la Caisse des dépôts et consignations, par le contrôleur près de cette caisse, et, dans les départements, pour les versements faits chez les trésoriers-payeurs généraux ou chez les receveurs particuliers des finances, par le Préfet ou le Sous-Préfet.

Quant aux versements faits à Paris ou dans les départements entre les mains des percepteurs et des receveurs des postes, leur enregistrement sur le livret-police est visé dans le même délai que ci-dessus, par le maire du lieu où le versement a été opéré.

Art. 7. Les registres matricules et les comptes individuels des assurés sont tenus à la Direction générale de la Caisse des dépôts et consignations, qui conserve les propositions d'assurance et les pièces produites à l'appui.

Art. 8. Les assurés peuvent, à toute époque, adresser le livret-police à la Direction générale pour vérifier l'exactitude des mentions qui y sont inscrites et leur conformité avec celles qui sont portées aux comptes individuels.

Art. 9. Les propositions d'assurance et les premiers versements, lorsqu'ils sont faits par un même mandataire pour plusieurs assurés, sont accompagnés d'un bordereau en double expédition, indiquant la prime afférente à chaque assuré.

Les versements subséquents doivent toujours figurer dans un bordereau distinct.

Le comptable délivre, dans la même forme que pour les versements individuels, un reçu provisoire collectif des versements effectués par le mandataire spécial.

Ce reçu doit être rendu au comptable en échange, soit des livrets nouveaux transmis par la Direction générale, soit des livrets anciens qui lui ont été remis lors du versement des primes ultérieures, et sur lesquels il doit enregistrer la somme versée applicable à chaque titulaire. Cet enregistrement est soumis, dans les vingt-quatre heures, au visa prescrit à l'article 6.

Art. 10. Les Préfets et les Sous-Préfets relèvent, sur un registre spécial, les sommes enregistrées au bordereau et sur chacun des livrets-polices, et adressent, dans le mois, un extrait dudit registre à la Caisse des dépôts et consignations pour servir d'élément de contrôle.

Les maires transmettent également à la Caisse des dépôts et consignations avis des visas par eux donnés, dans les délais et suivant les formes déterminées par le Ministre des finances.

Art. 11. Les primes annuelles sont acquittées, chaque année, à l'échéance indiquée par la date du premier versement.

A défaut de payement dans les trente jours, il est dû des intérêts à quatre pour cent, à partir de l'échéance jusqu'à l'expiration du délai d'un an, fixé à l'article 7 de la loi du 11 juillet 1868.

Art. 12. A toute époque l'assuré peut anticiper la libération de sa police.

Sa proposition, à cet effet, est remise à l'un des comptables désignés dans l'article 2 ; elle est adressée par ce comptable à la Caisse des dépôts et consignations avec le livret, sur lequel cette caisse mentionne la modification du contrat.

Art. 13. Dans l'application des tarifs, la prime est fixée d'après l'âge de l'assuré au moment où il contracte l'assurance, sans tenir compte du temps qui le sépare du prochain anniversaire de sa naissance.

Art. 14. Les sommes dues par la Caisse des assurances au décès de l'assuré sont payables aux héritiers ou ayants droit, à Paris, à la caisse générale, et, dans les départements, à la caisse de ses préposés. Le payement a lieu sur une autorisation donnée par le Directeur général de la Caisse des dépôts et consignations, auquel les demandes doivent être adressées, soit directement, soit par l'intermédiaire des préposés ou agents désignés à l'article 2.

Ces demandes doivent être accompagnées du livret-police et de l'acte de décès de l'assuré, ainsi que d'un certificat de propriété délivré dans les formes et suivant les règles prescrites par la loi du 28 floréal an VII, constatant les droits des réclamants.

Si la personne assurée a disparu en mer et qu'il ne soit pas possible de rapporter d'extrait mortuaire rédigé dans les termes du droit commun, il pourra y être suppléé par la production d'un certificat délivré par le Ministère de la marine et constatant que le Ministère a admis la preuve administrative du décès.

Art. 15. Les oppositions au payement des sommes assurées, ou les cessions desdites sommes dans les limites déterminées par l'article 4 de la loi du 11 juillet 1868, doivent être signifiées au Directeur général de la Caisse des dépôts et consignations.

Art. 16. Dans le cas où le décès résulte de suicide, de duel ou de condamnation judiciaire, l'assurance demeure sans effet, conformément à l'article 3 de la loi du 11 juillet 1868.

Art. 17. *Les propositions d'assurances collectives pour une année, au profit des sociétés de secours mutuels approuvées, sont faites par les présidents de ces sociétés et déposées avec les versements correspondants chez les comptables désignés à l'article 2.*

Ces propositions sont accompagnées de listes nominatives comprenant les personnes assurées et indiquant la date de naissance de chacune d'elles.

Les assurances collectives ont leur effet à partir du premier jour du mois qui suit la date du versement de la prime.

Art. 18. *Le payement des sommes dues aux sociétés de secours mutuels, après décès de l'un des membres, se fait entre les mains du trésorier desdites sociétés dûment autorisé.*

Ce payement a lieu sur une autorisation donnée par le Directeur général de la Caisse des dépôts et consignations, auquel la demande doit être adressée avec l'acte de décès du sociétaire.

Art. 19. En cas de perte du livret-police, il est pourvu à son remplacement dans les formes prescrites pour les titres de rente sur l'État, sur la production d'une déclaration faite devant le maire de la commune où l'assuré a sa résidence [1].

TITRE II.

DE LA CAISSE D'ASSURANCE EN CAS D'ACCIDENTS.

ART. 20. Toute personne qui veut contracter une assurance en cas d'accidents, sur sa tête ou sur celle d'un tiers, fait une proposition à l'Administration de la Caisse des dépôts et consignations. Cette proposition contient les nom et prénoms de l'assuré, sa profession, son domicile, le lieu et la date de sa naissance et le taux de cotisation adopté. Elle est signée par l'assuré ou par la personne qui contracte au profit de celui-ci ; dans ce dernier cas, elle doit contenir les nom, profession et domicile du souscripteur.

ART. 21. Les articles 2, 3, 4, 7 et 9 sont applicables aux assurances en cas d'accidents.

ART. 22. Les propositions d'assurances collectives par les administrations publiques, les établissements industriels, les compagnies de chemins de fer, *les sociétés de secours mutuels autorisées,* sont faites par les chefs, directeurs ou présidents desdites administrations, établissements, compagnies ou sociétés, et déposées chez les comptables désignés à l'article 2.

Ces propositions sont accompagnées de listes nominatives comprenant les personnes assurées et indiquant la date de la naissance de chacune d'elles.

Les assurances collectives peuvent être conclues sans clause de substitution ou avec clause de substitution.

Dans le premier cas, la liste produite ne peut être modifiée, et il est délivré à chaque assuré un livret individuel.

Dans le second cas, au contraire, il n'est pas délivré de livret individuel, et le souscripteur de l'assurance, après avoir payé la prime calculée sur le nombre moyen d'ouvriers qu'il compte occuper pendant l'année, peut, pendant toute sa durée, faire mentionner sur la liste qu'il a produite les changements survenus dans le personnel

[1] Voir modèle de déclaration de perte de livret, page 73.

assuré. A la fin de l'année, le montant définitif de la prime est arrêté d'après le nombre moyen des ouvriers occupés chaque jour, et donne lieu, soit à un versement complémentaire, soit à remboursement, ledit versement ou remboursement augmenté des intérêts à quatre pour cent.

Les assurances collectives en cas d'accidents ont leur effet à partir du jour où elles sont contractées, à moins que le souscripteur n'ait désigné, dans la proposition d'assurance, une époque ultérieure.

Art. 23. Un comité institué au chef-lieu de chaque arrondissement donne son avis sur les demandes de pensions viagères ou de secours présentées par les assurés domiciliés dans l'arrondissement ou par leurs ayants droit.

Art. 24. Ce comité est composé, sous la présidence du Préfet ou du Sous-Préfet ou de leur délégué, de quatre membres désignés par le Préfet, savoir : l'ingénieur des ponts et chaussées ou des mines chargé du service de l'arrondissement, ou, à son défaut, un agent désigné par lui, un médecin et deux membres de sociétés de secours mutuels, s'il en existe dans l'arrondissement.

A défaut de sociétés de secours mutuels, le Préfet nomme deux membres pris parmi les chefs d'industrie, les contremaîtres ou les ouvriers des professsions les plus répandues dans l'arrondissement.

A Paris et à Lyon, il est institué un comité par arrondissement municipal. Le maire en est président ; les autres membres sont désignés par le Préfet, qui, à défaut d'ingénieur, choisit parmi les architectes voyers.

FORMALITÉS À REMPLIR

POUR CONTRACTER UNE ASSURANCE COLLECTIVE EN CAS DE DÉCÈS.

Le Président d'une Société de Secours Mutuels qui veut contracter une assurance collective souscrit une proposition d'assurance conforme au tableau ci-après.

Cette proposition indique le nom de la société et celui du président qui la représente, le montant de la prime collective versée, la somme à recevoir au décès de chacun des membres de la société et l'année pour laquelle l'assurance est contractée.

A cette proposition est jointe une liste nominative, conforme au tableau ci-après, de *tous* les membres qui composent la société; cette liste mentionne les noms et prénoms des sociétaires, la date de leur naissance et la prime correspondant à l'âge de chacun d'eux, conformément au tarif ci-après.

Pour éviter les retards qu'entraînerait le renvoi de ces pièces en cas d'erreur dans les chiffres, les présidents ne pourront porter qu'au crayon ou même laisser en blanc : 1° sur la proposition, le montant de la prime collective; 2° sur la liste nominative, la prime correspondant à l'âge de chacun des sociétaires, la Caisse des dépôts et consignations se chargeant de remplir ces indications.

La proposition d'assurance et la liste nominative dûment revêtues de la signature du président, qui appose en outre le timbre de la société, sont adressées directement par lui à la Caisse des dépôts et consignations pour y être examinées et complétées, s'il est nécessaire. Ces deux pièces sont ensuite soumises par la Caisse des dépôts à l'approbation du Ministre de l'intérieur et renvoyées au président de la société.

Le président effectue alors le versement du montant de la prime collective et produit à l'appui la proposition d'assurance et la liste nominative qui l'accompagne. Les versements sont reçus à Paris et dans les départements par les trésoriers généraux, les receveurs particuliers des finances, les percepteurs des contributions directes et les receveurs des postes.

Le payement des sommes dues à une société par suite du décès d'un de ses membres est effectué entre les mains du trésorier de cette société dûment autorisé.

Ce payement a lieu, à Paris, à la Caisse des dépôts et consignations, ou, dans les départements, par l'entremise de ses préposés, sur une autorisation du Directeur général, auquel *la demande doit être adressée par le président de la société, avec l'acte de décès du sociétaire.*

ASSURANCES COLLECTIVES EN CAS DE DÉCÈS

PENDANT LE DÉLAI D'UN AN.

ÂGE.	PRIME pour ASSURER 100 francs.	ÂGE.	PRIME pour ASSURER 100 francs.	ÂGE.	PRIME pour ASSURER 100 francs.	ÂGE.	PRIME pour ASSURER 100 francs.
		26 à 27 ans.	1ᶠ07006	51 à 52 ans.	1ᶠ98269	76 à 77 ans.	10ᶠ6112
		27 à 28	1 08141	52 à 53	2 02192	77 à 78	11 5326
3 à 4 ans.	2ᶠ09030	28 à 29	1 09301	53 à 54	2 15661	78 à 79	12 6525
4 à 5	2 12561	29 à 30	1 10486	54 à 55	2 29962	79 à 80	14 0445
5 à 6	1 79098	30 à 31	1 11697	55 à 56	2 35207	80 à 81	15 3583
6 à 7	1 54680	31 à 32	1 12934	56 à 57	2 50793	81 à 82	16 4392
7 à 8	1 40235	32 à 33	1 14200	57 à 58	2 67407	82 à 83	16 9872
8 à 9	1 25129	33 à 34	1 15494	58 à 59	2 74611	83 à 84	18 0325
9 à 10	1 03651	34 à 35	1 16817	59 à 60	2 82215	84 à 85	20 0036
10 à 11	0 70373	35 à 36	1 18172	60 à 61	2 90252	85 à 86	22 5170
11 à 12	0 70373	36 à 37	1 12085	61 à 62	3 10251	86 à 87	24 3308
12 à 13	0 70862	37 à 38	1 05776	62 à 63	3 31843	87 à 88	25 9804
13 à 14	0 71358	38 à 39	1 06886	63 à 64	3 43010	88 à 89	29 5041
14 à 15	0 71861	39 à 40	1 08018	64 à 65	3 67633	89 à 90	33 9744
15 à 16	0 78402	40 à 41	1 09175	65 à 66	4 07692	90 à 91	39 6368
16 à 17	0 85088	41 à 42	1 10358	66 à 67	4 52078	91 à 92	46 3287
17 à 18	0 85804	42 à 43	1 11566	67 à 68	5 01731	92 à 93	50 9615
18 à 19	0 86533	43 à 44	1 12800	68 à 69	5 57863	93 à 94	67 9487
19 à 20	0 93507	44 à 45	1 14063	69 à 70	6 06115		
20 à 21	1 00665	45 à 46	1 23593	70 à 71	6 61398		
21 à 22	1 01669	46 à 47	1 33451	71 à 72	7 25431		
22 à 23	1 02693	47 à 48	1 43673	72 à 73	7 81020		
23 à 24	1 03739	48 à 49	1 54299	73 à 74	8 45835		
24 à 25	1 04805	49 à 50	1 65375	74 à 75	8 99321		
25 à 26	1 05804	50 à 51	1 85797	75 à 76	9 61061		

DÉCLARATION DE PERTE DE LIVRET.

———

Aujourd'hui, le   18

a comparu devant nous, Maire de la commune d

arrondissement d   , département d

demeurant à   , l   quel

nous a déclaré avoir perdu le livret de la Caisse (1)

dont   est titulaire, et nous a dit qu'   désirerait

en obtenir le remplacement dans la forme prescrite, en

cas de perte d'extraits d'inscription de rentes, par le décret

du 3 messidor an XII, s'obligeant à rapporter le livret

adiré, s'il se retrouve.

La présente déclaration faite en présence d

demeurant à

et d

demeurant à

qui nous ont attesté l'individualité d

et ont, ainsi que l   déclarant,

signé avec nous, les jour, mois et an que dessus.

(Suivent les signatures.)